广东省教育厅专业综合改革试点建设项目系列成果之一
肇庆学院与深圳市因纳特科技有限公司共同开发经管类实验室教材系列

市场营销综合实训手册

主　编　周　丽
副主编　周鑫华　周　菁

HEUP 哈爾濱工程大學出版社

内 容 简 介

《市场营销综合实训手册》是一本与深圳市因纳特科技有限公司设计的“市场营销综合实训软件”配套使用的实验室教材。本教材以实验室教学为主线，辅之以案例学习，并通过案例学习诠释抽象的市场营销知识，帮助学生加强对主要知识点的认识和理解。软件在实验室环境下构造了一个竞争和协作的虚拟市场，让学生扮演公司营销总负责人角色，从不同角度全面了解和执行营销决策。教材内容以记录思考过程、计算决策结果、竞争结果排名等形式，激发学生开展模拟营销实践的兴趣，提升其营销决策的准确性，以适应未来的市场竞争。

本书可作为本专科院校经济与管理类专业实验室教材，也可作为从事市场营销的工作人员的培训教材，同时还可作为有意学习市场营销知识的读者的自学用书。

图书在版编目(CIP)数据

市场营销综合实训手册/周丽主编. —哈尔滨：哈尔滨工程大学出版社，2015.1(2023.8 重印)
ISBN 978-7-5661-0954-5

Ⅰ.①市… Ⅱ.①周… Ⅲ.①市场营销学-手册 Ⅳ.①F713.50-62

中国版本图书馆 CIP 数据核字(2015)第 013568 号

出版发行 哈尔滨工程大学出版社
社　　址 哈尔滨市南岗区南通大街 145 号
邮政编码 150001
发行电话 0451-82519328
传　　真 0451-82519699
经　　销 新华书店
印　　刷 哈尔滨午阳印刷有限公司
开　　本 787mm×1 092mm 1/16
印　　张 15.25
字　　数 402 千字
版　　次 2015 年 2 月第 1 版
印　　次 2023 年 8 月第 4 次印刷
定　　价 33.00 元
http://www.hrbeupress.com
E-mail:heupress@hrbeu.edu.cn

编　委　会

前　言

本书属于经管类实验室教材系列，是为配合深圳市因纳特科技有限公司设计的“市场营销综合实训软件”而编写的可以模拟市场营销的实验室教材。

深圳市因纳特科技有限公司设计的“市场营销综合实训软件”结合互联网通信技术和计算机系统的强大处理能力，在实验室环境下构造了一个竞争和协作的虚拟市场，通过让学生扮演公司营销总负责人角色，以从不同角度全面了解和执行营销决策；通过优化计算模式，以市场开拓度、市场最大份额、实际销售额、利润率和总资本的形式反映营销策略的差距。软件将全国市场分为华南、华北、华中、华东、东北、西北、西南七大片区。公司(学生)之间相互竞争、相互合作，在全国不同的区域内开展营销活动，通过制订自己的市场开拓计划，以寻求最大市场份额和实际销售数量之间的最佳平衡点；并通过产品档次、宣传策略等方面的最小投入使市场份额最大化，软件可实际模拟价格、数量等最大化的多种组合来获得最大利润；在销售途径上，系统还提供了与渠道合作、促销、交易洽谈和招投标的方式，以增加实验的竞争性。

本书共有四个实验，包括以基础理论回顾及运用训练为主的认知实验；以产品销售模式训练为主的组合实验；以市场投入与产品销售训练为主的测算实验；以制定营销战略训练为主的竞争实验；最后是综合考试。

实验室作为营销专业学生进行深入理论研究的基地，对新的营销模式进行现代化的模拟试验，能够推动学生营销理论认知与实践能力的共同提升。教材内容以记录思考过程、计算决策结果、竞争结果排名等形式，激发学生开展模拟营销实践的兴趣，培养学生应用现代化技术设备的能力，提升其营销决策的准确性，以适应未来的市场竞争。

在本书的编写过程中，编者参考了大量的文献，书末附有主要参考文献目录，如有遗漏，还望海涵！由于水平有限，书中难免有疏漏或错误之处，恳请同行专家和读者不吝赐教，以便今后进一步修改与完善。感谢深圳市因纳特科技有限公司对于教材编写的大力支持，感谢唐立、魏少川等同志的帮助，感谢哈尔滨工程大学出版社的大力支持。在此，我对所有为本教材问世作出贡献的单位和个人表示真诚的谢意！

编　者

2014 年 6 月

目　　录

实验一　认知实验：基础理论回顾及运用训练

☞ 学生知识点准备

一、4P 营销理论简介

4P 营销理论(The Marketing Theory of 4Ps)产生于20世纪60年代的美国，随着营销组合理论的提出而出现。1953年，尼尔·博登(Neil Borden)在美国市场营销学会的就职演说中创造了“市场营销组合”(Marketing Mix)这一术语，其意是指市场需求或多或少地在某种程度上受到所谓“营销变量”或“营销要素”的影响。为了寻求一定的市场反应，企业要对这些要素进行有效的组合，从而满足市场需求，获得最大利润。营销组合实际上有几十个要素(博登提出的市场营销组合原本就包括12个要素)，杰罗姆·麦卡锡(Jerome McCarthy)于1960年在其《基础营销》(Basic Marketing)一书中将这些要素概括为四类：产品(Product)、价格(Price)、渠道(Place)、促销(Promotion)，即著名的4P营销理论。

(1)产品：产品性能如何，产品有哪些特点，产品的外观与包装如何，如何保证产品的品质与服务?

(2)价格：定价策略是否考虑了企业的合理利润以及顾客可以接受的程度，定价策略是否符合公司的竞争策略?

(3)分销：产品通过什么渠道销售，如何将产品顺利送抵消费者的手中?

(4)促销：企业如何通过广告、公关、营业推广和人员推销等手段将产品信息传递给消费者以促成消费行为的达成?

1967年，菲利普·科特勒在其畅销书《营销管理：分析、规划与控制》中进一步确认了以4Ps为核心的营销组合方法。

(1)产品：注重开发的功能，要求产品有独特的卖点，把产品的功能诉求放在第一位。

(2)价格：根据不同的市场定位，制定不同的价格策略，产品的定价依据是企业的品牌战略，注重品牌的含金量。

(3)渠道：企业并不直接面对消费者，而是注重经销商的培育和销售网络的建立，企业与消费者的联系是通过分销商来进行的。

(4)促销：企业注重改变销售行为来刺激消费者，以短期的行为(如让利，买一送一，营造促销活动的现场气氛，等等)促成消费的增长，吸引其他品牌的消费者或导致提前消费来促进销售的增长。

4P营销理论为企业的营销策划提供了一个实用性的分析框架与行动指南。它以满足市场需求为目标，重视产品导向而非消费者导向，代表的是企业立场而非客户的立场。在4P的基础上，后来又加上政治权力(Political Power)与公共关系(Public Relation)形成新的6P营销策略组合，即要运用政治力量和公共关系，打破国际或国内市场上的贸易壁垒，为企业的市场营销开辟新的道路。

二、4P营销理论的实践指导意义

4P营销理论对市场营销理论和实践产生了深刻的影响，被营销业界奉为营销理论的经典和基石。大多数营销人士在策划营销活动时，都自然地从4Ps理论出发思考方案。4P的提出奠定了管理营销的基础理论框架。该理论以单个企业作为分析单位，认为影响企业营销实践效果的因素有两种：

一种是企业不能够控制的，如政治、法律、经济、人文、地理等环境因素，称之为不可控因素，这也是企业所面临的外部环境；

一种是企业可以控制的，如生产、定价、分销、促销等营销因素，称之为企业可控因素。

企业营销活动的实质是一个利用内部可控因素适应外部环境的过程，即通过对产品、价格、分销、促销的计划和实施，对外部不可控因素作出积极动态的反应，从而促成交易的实现和满足个人与组织的目标，用科特勒的话说就是“如果公司生产出适当的产品，定出适当的价格，利用适当的分销渠道，并辅之以适当的促销活动，那么该公司就会获得成功”(科特勒，2001)。所以市场营销活动的核心就在于制定并实施有效的市场营销组合。

三、4P营销理论的演变进程

1. 以满足市场需求为目标的4P理论

20世纪60年代，当时的市场正处于卖方市场向买方市场转变的过程中，市场竞争远没有现在激烈。此时产生的4P理论主要是从供方出发来研究市场的需求及变化，以及如何在竞争中取胜。4P理论重视产品导向而非消费者导向，以满足市场需求为目标。4P理论是营销学的基本理论，它最早将复杂的市场营销活动加以简单化、抽象化和体系化，构建了营销学的基本框架，促进了市场营销理论的发展与普及。4P理论在营销实践中得到了广泛应用，至今仍然是人们思考营销问题的基本模式。然而随着环境的变化，这一理论逐渐显露出其弊端：一是营销活动着重企业内部，对营销过程中的外部不可控变量考虑较少，难以适应市场变化；二是随着产品、价格和促销等手段在企业间相互模仿，其在实际运用中很难起到出奇制胜的作用。由于4P理论在变化的市场环境中出现了一定的弊端，于是，更加强调追求顾客满意的4C理论应运而生。

2. 以追求顾客满意为目标的4C理论

4C理论是由美国营销专家劳特朋教授(Robert F. Lauterborn)在1990年提出的，它以消费者需求为导向，重新设定了市场营销组合的四个基本要素：即消费者(Consumer)、成本(Cost)、便利(Convenience)和沟通(Communication)。它强调企业应该首先把追求顾客满意放在第一位，其次是努力降低顾客的购买成本，然后要充分考虑顾客购买过程中的便利性，而不是从企业的角度来决定销售渠道策略，最后还应以消费者为中心实施有效的营销沟通。与产品导向的4P理论相比，4C理论有了很大的进步和发展，它重视顾客导向，以追求顾客满意为目标，这实际上是当今消费者在营销活动中越来越居于主动地位的市场对企业的必然要求。

这一营销理念也深刻地反映在企业营销活动中。在4C理念的指导下，越来越多的企业更加关注市场和消费者，与顾客建立一种更为密切的和动态的关系。1999年5月，微软公司在其首席执行官巴尔默德主持下，也开始了一次全面的战略调整，使微软公司不再只跟着公司技术专家的指挥棒转，而是更加关注市场和客户的需求。我国的科龙、恒基伟业和联想等企业通过营销变革，实施以4C策略为理论基础的整合营销方式，成为了4C理论实践的先行者和受益者。家电行业中，“价格为王”“成本为师”都是业内的共识，以前都是生产厂家掌握定价权，企业的定价权完全是从企业的利润率出发，没有真正从消费者的“成本观”出发，这就是为什么高端彩电普及不快的原因。而现在消费者考虑价格的前提就是自己“花多少钱买这个产品才值”。于是作为销售终端的苏宁电器专门有人研究消费者的购物“成本”，以此来要求厂家“定价”，这种按照消费者的“成本观”来要求厂商制定价格的做法就是对追求顾客满意的4C理论的实践。

但从企业的实际应用和市场发展趋势看，4C理论依然存在不足。首先，4C理论以消费者为导向，着重寻找消费者需求，满足消费者需求，而市场经济还存在竞争导向，企业不仅要看到需求，而且还需要更多地注意到竞争对手，冷静分析自身在竞争中的优劣势并采取相应的策略，才能在激烈的市场竞争中立于不败之地。其次，在4C理论的引导下，企业往往被动适应顾客的需求，而且为被动地满足消费者需求付出更大的成本。因此，如何将满足消费者需求与企业长期获利的诉求结合起来是4C理论有待解决的问题。因此市场的发展及其对4P和4C的回应，需要企业从更高层次建立与顾客之间的更有效的长期关系。于是出现了4R营销理论，其不仅仅停留在满足市场需求和追求顾客满意，而是以建立顾客忠诚为最高目标，对4P和4C理论进行了进一步的发展与补充。

3. 以建立顾客忠诚为目标的4R理论

21世纪伊始，《4R营销》的作者艾略特·艾登伯格(Elliott Ettenberg)提出4R营销理论。4R理论以关系营销为核心，重在建立顾客忠诚。它阐述了四个全新的营销组合要素：Relevance(关联)、Reaction(反应)、Relationship(关系)和Reward(回报)。

第一，关联(Relevance)，即认为企业与顾客是一个命运共同体。建立并发展与顾客之间的长期关系是企业经营的核心理念和最重要的内容。

第二，反应(Reaction)，在相互影响的市场中，对经营者来说最现实的问题不在于如何控制、制订和实施计划，而在于如何站在顾客的角度及时地倾听和回应客户需求。

第三，关系(Relationship)，在企业与客户的关系发生了本质性变化的市场环境中，抢占市场的关键已转变为与顾客建立长期而稳固的关系。与此相适应产生了五个转向：从一次性交易转向强调建立长期友好合作关系；从着眼于短期利益转向重视长期利益；从顾客被动适应企业单一销售转向顾客主动参与到生产过程中来；从相互的利益冲突转向共同的和谐发展；从管理营销组合转向管理企业与顾客的互动关系。

第四，回报(Reward)，任何交易与合作关系的巩固和发展，都是经济利益问题。因此，一定的合理回报既是正确处理营销活动中各种矛盾的出发点，也是营销的落脚点。

4R营销以竞争为导向，在新的层次上提出了营销新思路。根据市场日趋激烈的竞争形势，4R营销着眼于企业与顾客建立互动与双赢的关系，不仅积极地满足顾客的需求，而且主动地创造需求，通过关联、关系、反应等形式建立企业与客户之间独特的关系，把企业与顾客更加紧密地联系在一起，形成了独特的竞争优势。4R营销真正体现并落实了关系营销的思想，提出了如何建立客情关系、长期拥有客户、保证长期利益的具体操作方式，这是关系营销史上的一个很大的进步。

4R营销的回报使企业兼顾到成本和双赢两方面的内容。为了追求利润，企业必然实施低成本战略，充分考虑顾客愿意支付的成本，实现成本的最小化，并在此基础上获得更多的市场份额，形成规模效益。这样一来，企业为顾客提供的产品和追求回报就会最终融合，相互促进，从而达到双赢的目的。4R营销是实现互动与双赢的保证。4R营销的反应机制为建立企业与顾客关联、互动与双赢的关系提供了基础和保证，同时也延伸和升华了营销便利性。

4R营销的操作要点包括：

第一，紧密联系顾客。企业必须通过某些有效的方式在业务、需求等方面与顾客建立关联，形成一种互助、互求、互需的关系，把顾客与企业联系在一起，减少顾客的流失，以此来提高顾客的忠诚度，赢得长期而稳定的市场。

第二，提高对市场的反应速度。多数公司倾向于说给顾客听，却往往忽略了倾听顾客心声的重要性。在相互渗透、相互影响的市场中，对企业来说最现实的问题不在于如何制订、实施和控制计划，而在于如何及时地了解顾客的希望、渴望和需求，并及时作出反应来满足顾客的需求，这样才利于市场的发展。

第三，重视与顾客的互动关系。4R营销理论认为，如今抢占市场的关键已转变为与顾客建立长期而稳固的关系，把交易转变成一种责任，建立起和顾客的互动关系，而沟通则是建立这种互动关系的重要手段。

第四，回报是营销的动力源泉。一方面，回报是维持市场关系的必要条件；另一方面，追求回报是营销发展的动力，营销的最终价值在于其为企业创造短期或长期收入的能力。

4R理论强调企业与顾客在市场的动态变化中应建立长久互动的关系，以防止顾客流失，从而赢得长期而稳定的市场；其次，面对迅速变化的顾客需求，企业应学会倾听顾客的意见，及时寻找、发现和挖掘顾客的诉求与不满及其可能发生的演变，同时建立快速反应机制以对市场的变化快速作出反应；企业与顾客之间应建立长期而稳定的友好关系，从实现销售转变为实现对顾客的责任与承诺，以维持顾客再次购买和顾客忠诚；企业应追求市场回报，并将市场回报当作企业进一步发展以及保持企业与市场之间紧密关系的动力源泉。

4R营销理论的最大特点是以竞争为导向，在新的层次上概括了营销的新框架。该理论根据市场不断成熟和竞争日趋激烈的形势，着眼于企业与顾客的互动与双赢，不仅积极地适应顾客的需求，而且主动地创造需求，通过关联、关系、反应等形式与客户形成独特的关系，把企业与客户联系在一起，形成竞争优势。

4. 以“消费者占有”为导向的4S理论

4S市场营销策略主要强调从消费者需求出发，建立起一种“消费者占有”的导向，要求企业针对消费者的满意程度对产品、服务、品牌不断进行改进，从而达到企业服务品质最优化，使消费者满意度最大化，进而使消费者达到对企业产品产生一种忠诚。4S是指满意(Satisfaction)、服务(Service)、速度(Speed)、诚意(Sincerity)。

(1)满意(Satisfaction)：指的是顾客满意，强调企业要以顾客需求为导向，以顾客满意为中心，企业要站在顾客立场上考虑和解决问题，要把顾客的需要和满意放在一切考虑因素之首。

(2)服务(Service)：其包括几个方面的内容，首先，精通业务的企业营销人员要为顾客提供尽可能多的商品资讯，经常与顾客联络，了解他们的需求；其次，要对顾客亲切友善，用体贴入微的服务来感动顾客；再次，要将每位顾客都视为特殊和重要的人物，也就是秉持“顾客是上帝”的理念。

(3)速度(Speed)：指能迅速地接待顾客、办理业务，不耗费顾客太长时间，用更快的速度保质保量地服务更多的顾客。

(4)诚意(Sincerity)：指要以顾客利益为重，以真诚来服务客人。要想赢得顾客的人，必先赢得顾客的心，动之以情，用真情服务感化顾客，以有情服务赢得无情的竞争。

一、实验简介

4P 理论是市场营销的重要理论基础，本实验主要运作内容是 4P 相关知识，学生从最简单的 4P 理论着手，熟练掌握 4P 理论在实践中的运用。本实验以系统提供的传真机为实验产品，让学生了解本系统的设计规则和整体思路，学习和掌握操作流程。

实验数据根据实验目的而设计，以便让学生通过本实验能明确 4P 营销理论的产品策略、宣传策略、价格策略和渠道策略的决策依据，理解各个策略之间的相互关联和相互制约关系。

二、实验目的

1. 熟悉系统操作规则，掌握系统整体思路和操作流程。
2. 结合 4P 营销理论，在系统中实践运用。
3. 加深对 4P 营销运用相关要素的理解，为后面实验做准备。

三、实验安排

1. 实验时间：3 课时。
2. 实验产品：传真机。
3. 实验时间可根据学校情况作调整，可调整实验年数，增加或减少实验时间。

四、实验准备

1. 老师实验准备

第一步：以管理员身份登陆，添加班级，同时增加新实验班级的老师管理账号，如图 1－1、图 1－2 所示。

第二步：用老师账号登录老师管理后台，选择市场营销模拟平台软件，为班级添加实验，点击 新增实验，实验名称为“认知实验”，选择传真机作为实验产品，如图 1－3 所示。

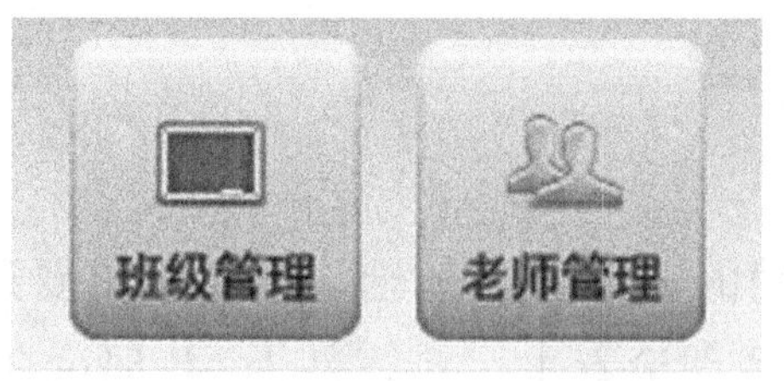

图 1－1　教师登录示意图

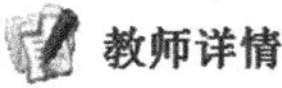

登陆名:		*
密码:		*
真实姓名:		*
所管班级:	演示班级	*
可用状态:	可操作	*
	确定　返回	

图 1－2　教师详情示意图

班级实验

实验名称	认知实验
实验产品	传真机
实验开始年	2012
	确定　返回

图 1－3　新增班级实验示意图

实验开始前老师可在实验数据中调整系统数据(系统数据完善，老师可以不修改)，点击 开始实验 即可。

第三步：在老师后台管理页面，老师可以根据情况调整实验数据，如图 1－4、图 1－5 所示。

第四步：管理学生账号。由学生在软件登录界面注册学生账号，老师在实验首页，点“学生管理”，勾选 ☑全选 点击 批量审批 即可完成账号审批的过程。只有老师审批的账号学生才能登录实验，老师在此可以改变学生账号的使用权，如图 1－6 所示。

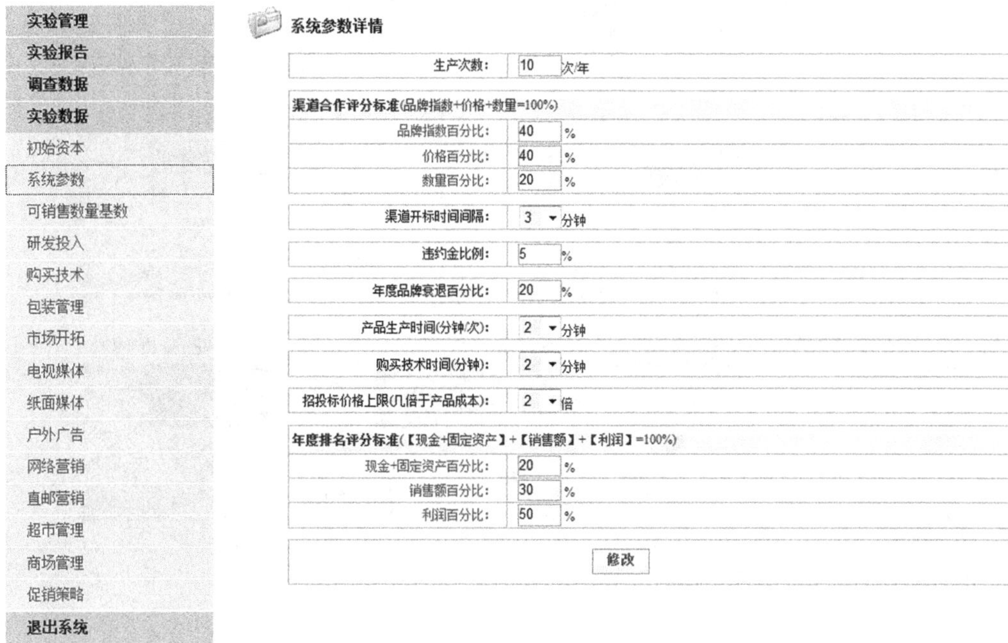

图 1－4　实验数据调整示意图

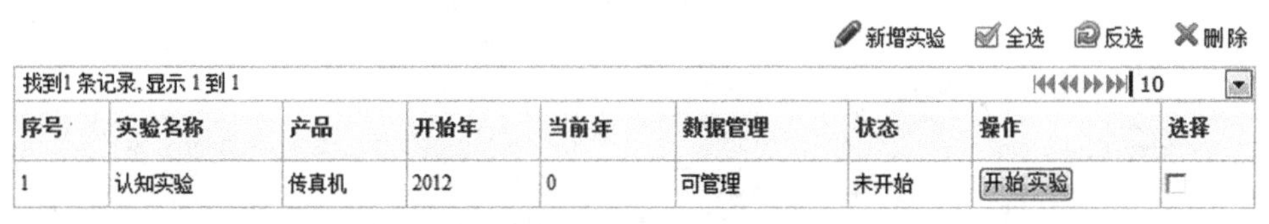

序号	实验名称	产品	开始年	当前年	数据管理	状态	操作	选择
1	认知实验	传真机	2012	0	可管理	未开始	开始实验	

图 1－5　开始实验指令图

第五步：导入系统提供的标书，在实验开始或实验过程中，老师可以根据信用等级、区域、产品档次等指标选择标书，老师可以增加或减少标书的数量。实验第一年只添加信用等级为 AA 的任意标书，实验第二年添加信用等级为 A，AAA 的任意标书，实验第三年可添加信用等级为 B，AA，AAA 的任意标书，实验第四年可添加信用等级为 C，A，AA，AAA 的任意标书。

点 增加标书，选择为实验增加标书或导入系统做好的标书。如图 1－7 所示。

实验过程中，老师在“招投标管理”中进行开标或废标管理，如图 1－8 所示。

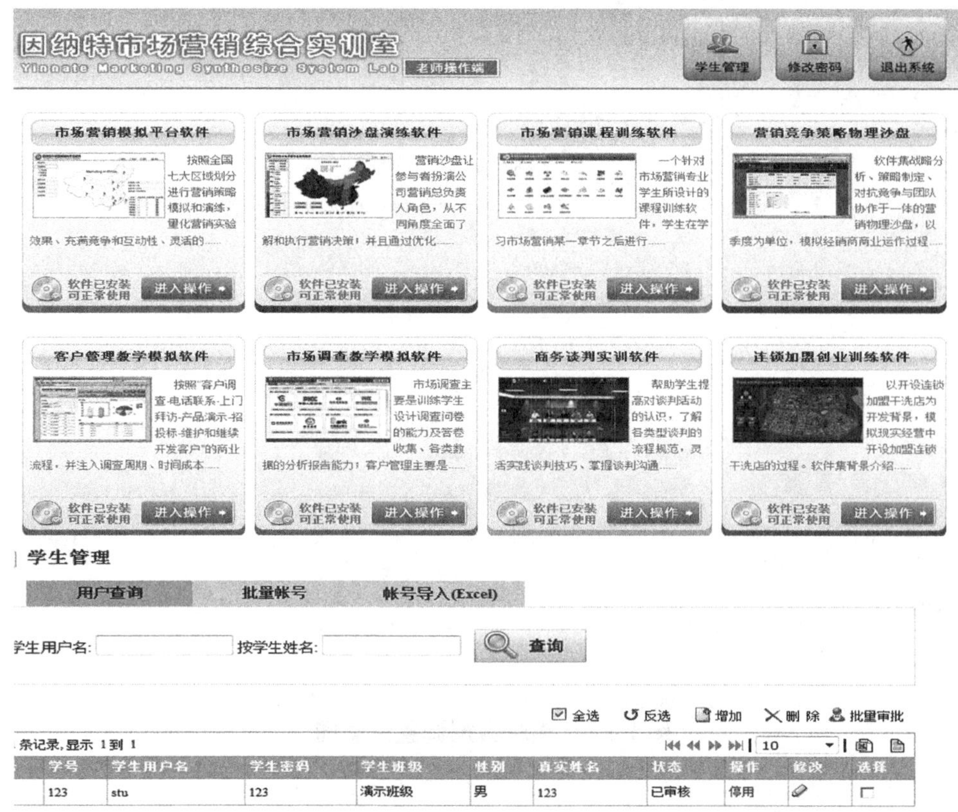

图1-6 学生账号管理示意图

图1-7 标书导入示意图

全选　反选　增加标书　批量开标　批量废标

没有找到记录.　10

图 1－8　招投标管理示意图

2. 学生的实验准备

学生登录：在浏览器栏输入 http：// 服务器 IP 地址：8081/ ，进入登录界面。点击【学生注册】，进入注册页面，如图 1－9 所示。

图 1－9　学生注册示意图

学生注册说明：

A. 学生在初次使用时，需要先注册一个账号经过老师在后台审核后方可登录软件。

B. 填写用户名时最好不要用中文、标点符号，推荐用英文、字母、数字。

C. 学生名字：要求学生在注册时填写自己的真实姓名或者学号，以便实验后老师统计得分和管理。

D. 选择班级：注册时要注意选择自己所在的班级进行注册，否则老师在后台无法看到注册信息。

E. 注意：学生注册的用户名不能与其他学生用户名、老师或系统管理员的用户名相同，用户名重复无法注册成功。

学生基本信息录入如图 1－10 所示。

因纳特市场营销综合实训室
Yinnate Marketing Synthesize System Lab
返回登陆页
基本信息
用户名：
用户密码：
确认密码：
选择班级：演示班级
学号：
学生姓名：
性别：男 女
入学时间：选择日期
学生头像：默认头像
选择上传图片(最大1m)
详细信息(选填内容)展开
完成提交

图 1－10　学生基本信息录入示意图

五、操作讲解

（一）系统设计整体思路

本系统主要包括战略分析和实战营销两个部分。

战略分析：包括战略管理的基本知识、基本原理，熟悉基本的战略分析、制定、实施等方法和工具，并形成系统的知识体系，锻炼学生以战略的思维模式，灵活运用所学的战略理论和工具，形成基本的战略管理分析能力。

实战营销：系统将全国市场分为华南、华北、华中、华东、东北、西北、西南七大片区。公司之间互相竞争，学生制订自己的市场开拓计划，寻求最大市场份额和实际销售数量之间的最佳平衡点；寻求在产品策略、宣传策略等方面最小投入而让市场份额最大的最优策略组合。在销售途径方面，系统提供了与渠道合作、交易洽谈和招投标的方式，以增加实验的竞争性和互动性。软件模拟销售价格、市场需求数量、品牌知名度、产品档次等量化数据，最终把营销策略量化为现金流和利润率，如图 1－11 所示。

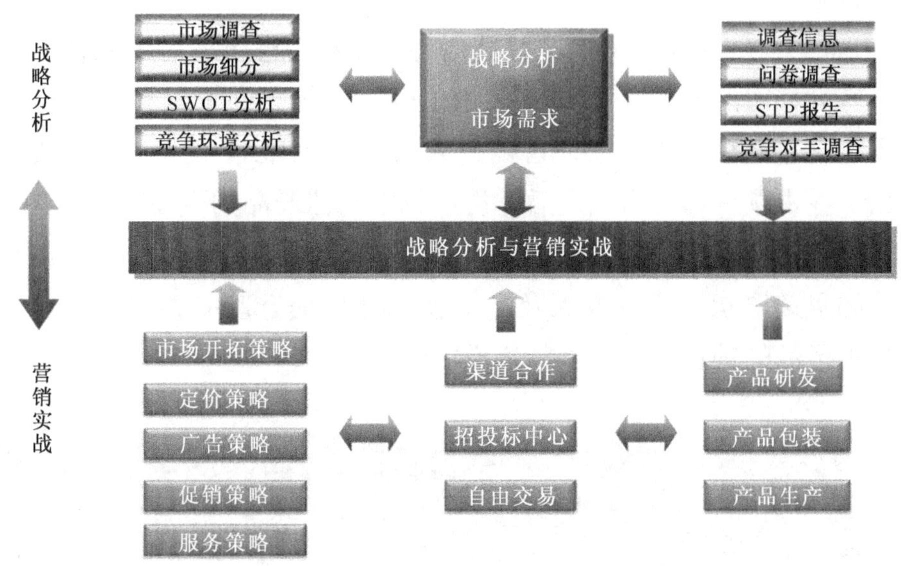

图 1－11　战略分析与营销实战内容示意图

（二）操作介绍

在使用系统之前，学生需要了解 4P 在系统中的基本应用，以及应用在哪些模块中，如图 1－12 所示。

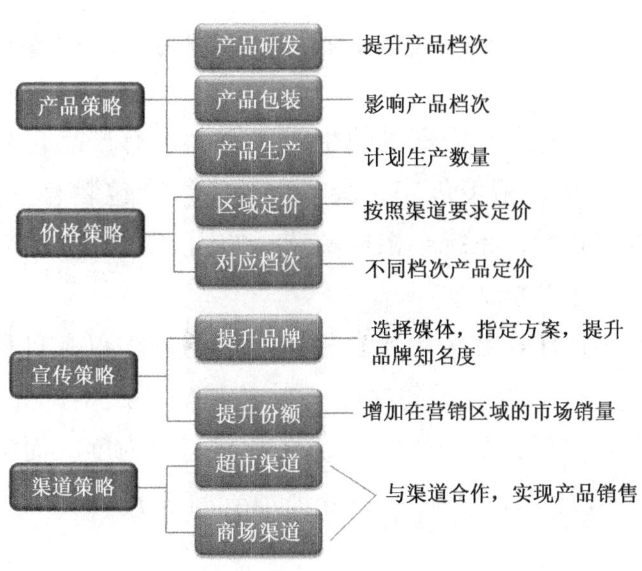

图 1－12　4P 在系统中的应用示意图

1．产品策略

通过产品策略，学生可以实现产品档次的提升，产品的包装，以及完成产品生产过程。

(1)产品档次：学生在提高产品档次时，需要考虑市场对不同档次产品的需求量，产品档次的提升需要花费大量的资金，如果在第一年内就提升产品档次，可能会造成总资本短缺，营销投入力度受到限制。建议先用低档产品打入市场，在占领一部分市场之后，再进行中高档产品的研发投入。图1－13是传真机产品在不同年度的研发过程，可以看出来，产品结构的逐步合理，其利润空间呈递增状。研发投入及购买技术都可提升产品档次，产品档次的提升增加了产品的销售渠道及参加招投标的机会。

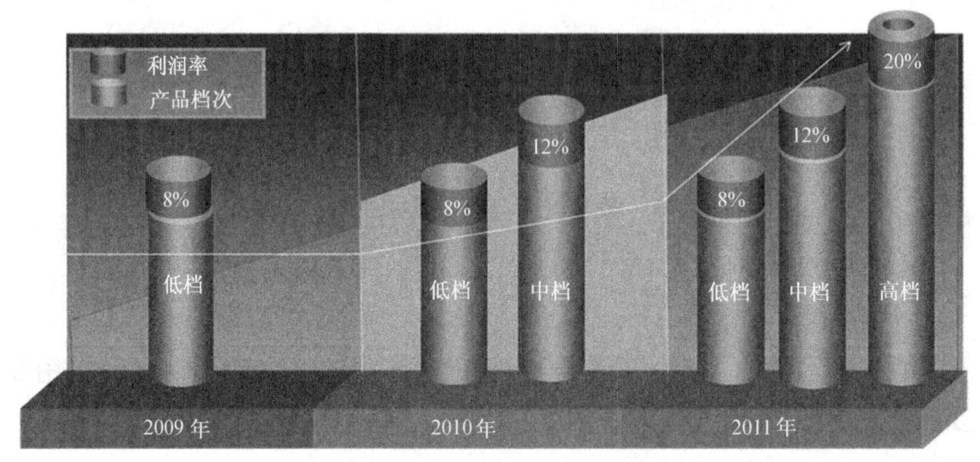

图1－13　传真机产品结构调整与利润增长关系示意图

(2)产品生产：直接影响传真机的生产成本因素有产品包装和固定成本。产品包装分为普通包装、精美包装、豪华包装。每种包装有不同的成本，传真机的固定成本为700元，系统会根据所选择的固定成本、包装和总资本自动计算当前情况下最大生产能力。

系统设置每年生产的次数为十次，根据市场的需求以及自身资金的情况，学生要合理地安排生产周期以及每次生产的数量。每次生产大量的产品，会导致流动资金的大量占用，从而影响资金周转或营销力度；而生产数量过少，又会失去销售机会。所以，学生需要合理地安排生产周期以及每次生产的数量。

2. 宣传策略

宣传策略的目的在系统中主要体现为提升品牌知名度，除了知名度以外，宣传也可以提升市场份额。我们先了解品牌知名度的提升。

品牌知名度是一个数值，提升品牌知名度需要通过广告宣传来实现。系统提供了常用的宣传方式，包括电视、网络、户外、直邮、纸媒等方式。

提升品牌知名度的目的：在渠道销售和参加招投标的过程中，每个渠道和每个标书，都会有对品牌知名度的要求，而且数值不一样。只有大于等于要求的数值，才有可能与之合作。

影响品牌知名度提升的因素：每项广告都有自己的宣传有效度，宣传有效度体现这个广告的宣传效果，宣传有效度以数值表现出来，所以，宣传有效度的大小直接影响品牌知名度。

合理地提高品牌知名度：系统设计品牌知名度可以累加，就是说如果将大量资金投入到广告宣传上，品牌知名度的值会非常大，虽然能与所有的渠道合作，但却造成资本大量流失，无力生产发货，从而造成信用等级下降甚至破产的结果。那么，怎么才能将品牌知名度提升到符合渠道和标书的要求却不浪费呢?

第一，首先确定自己都要与哪些渠道合作，参加哪些招投标，了解他们对品牌知名度的要求。

第二，在明确合作对象对品牌知名度的要求后，选择相应的媒体，根据媒体宣传有效度的大小，输入合理的投放数量。以电视广告为例，其收费方式是 5 秒为一个单位，如果输入数值为 6，那么实际广告时间为 30 秒。作为电视广告，学生应该了解实际操作中一般电视广告的投放时间，合理投放，而不是盲目输入投放数量。

第三，一般情况下，一次广告投放并不能满足合作对象对知名度的要求，学生可以试探性的投入，使最终品牌知名度略大于合作对象的要求即可。

3. 价格策略

在价格策略中，学生需要对自己营销的区域进行不同档次产品的定价，在定价时，系统根据渠道对价格的要求给出定价范围，防止学生盲目定价。

(1)定价

“建议定价范围”来源于渠道的价格范围，商场和超市有对价格的最低要求和最高要求，学生需要先了解渠道的价格，确定自己本年度要和哪些渠道合作，之后再合理定价。定价的高低直接影响销量和销售利润，学生可根据自己的营销战略规划和市场状况采用价格适中的满意策略。

(2)降价

对已经定价的区域，学生可以进行价格的下调，要注意，下调幅度是按照百分数计算的，学生需要计算之后，再得出要下调的比例。

4. 销售策略

系统提供了渠道合作、招投标、交易洽谈三种销售模式。

(1)渠道合作：渠道分为商场和超市，每个区域都有不同的渠道分布。通过了解渠道的需求确定目标订单，如图1－14所示。

超市渠道 | 商场渠道 | 历史合作渠道

合作失败，你的区域定价大于最大进货价格!

华南地区 | 华中地区 | 华北地区 | 华东地区 | 西南地区 | 西北地区 | 东北地区

渠道名称	年销售量	当前可销售量	管理费用	价格要求	品牌要求	信用要求	产品档次	操作
家乐福	18020件	17020件	0.80件/元	≤ 21.00元	≥ 0.1430	≥A	低档	1家 已发送合作意向
WALMART	23100件	22100件	1.10件/元	≤ 20.00元	≥ 0.1400	≥A	低档	申请合作
华润超市	18550件	17550件	1.20件/元	≤ 19.60元	≥ 0.1300	≥A	低档	申请合作
新一家超市	13890件	12890件	0.90件/元	≤ 20.80元	≥ 0.1200	≥A	低档	申请合作
好又多超市	14030件	13030件	1.10件/元	≤ 21.60元	≥ 0.1220	≥A	低档	申请合作
好又多超市	15100件	14100件	0.80件/元	≤ 35.00元	≥ 0.3300	≥A	高档	申请合作
新一家超市	16000件	15000件	1.00件/元	≤ 34.50元	≥ 0.3000	≥A	高档	申请合作

图1－14 华南区域商场需求示意图

图1－14是华南区域商场的需求，每个商场的属性都包括年销售数量、管理费用、价格要求、品牌要求、产品档次、渠道销量等。其中，渠道销量是指此超市还可以销售的产品数量，学生合作的订单数量每次小于等于渠道销量的四分之一。管理费用是按照单个产品计算的，根据合作的数量，需要缴纳相应的管理费用。定价低于等于渠道进货价格，品牌知名度高于等于渠道要求，信用等级高于等于渠道要求，学生市场份额数量大于等于订单数量，以上情况下学生有权利提出渠道合作意向。最终每次订单根据订单数量、市场份额、品牌知名度、价格等因素，只有一个公司可以获得订单。

商场的要求与超市相同。

(2)招投标：标书是由老师在后台自动导入。影响中标的因素有市场开拓度、品牌知名度、价格。老师会在后台设置这三个因素的权重。在竞争的前提下，谁最接近这三者的权重数值，中标的概率就最大。

三者权重设置如图 1－15 所示。

标题	市场开拓度所占百分比	产品价格所占百分比	产品品牌知名度所占百分比	操作
104号标的	20	50	30	修改

图 1－15 影响中标因素的权重设置图

学生需要查看标书内容，确定是否参与投标，图 1－16 为华南地区的标书内容。

标书详情

标书详细内容

标题	103号标的	发布公司名称	广州佳辉招标公司
联系电话	1231234	地址	广州市天河区天河北路233号中信广场
产品名称	传真机	区域	华南地区
品牌知名度	0.1230	产品档次	低档
采购数量	3000	信用等级	AA
投标保证金	200.00	标书价格	300.00
履标保证金	200.00	违约罚款	200.00
付款日期	2001年	投标截止日期	2000年

图 1－16 华南地区标书内容示意图

在了解标书的评分标准以及招标的详细信息后，学生需要对要参与的招标信息进行营销策略的调整，如果参与的招标不在自己的营销内，需要对该招标信息的所在区域进行市场开拓、品牌提升等操作，而且是否能中标还要取决其他厂商的经营情况。所以是否参与招投标需要综合考虑。

(3)交易洽谈：学生在此发布商品的买卖信息。系统设置交易洽谈模块，主要目的在于让各厂商进行资金的周转。学生在营销过程中会出现以下情况：

①营销成本投入过大，导致无力生产，虽然与渠道等合作成功，但却出现不能按时发货的局面，这时需要发布求购信息，低价买进其他厂商的产品。

②厂商生产数量过大，导致库存积压，因为大量资金用于生产，已经无力投入营销费用，所以，需要通过交易洽谈卖出现有产品，进行资金回笼。用回笼的资金进行营销投入。

(三)系统操作流程

根据系统模块的设置，学生使用的基本流程如图 1－17 所示，但营销本身并没有固定流程，学生应该灵活运用相关营销的方法，进行操作。

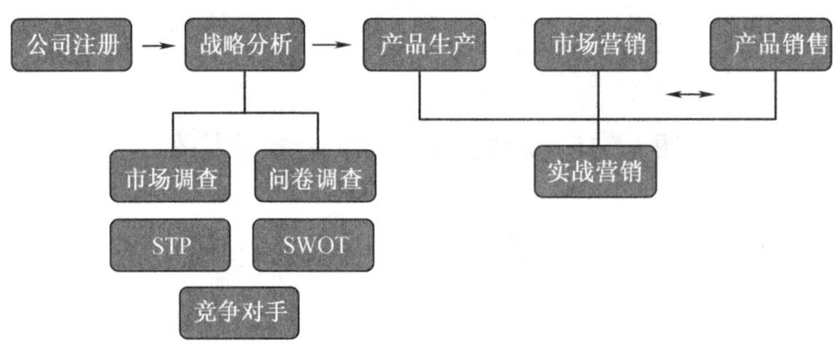

图1－17　系统操作流程示意图

1. 公司注册

学生第一次登录系统后，首先要进行公司注册操作。公司注册包括：企业名称、所在区域、品牌名称、品牌信息。

(1)企业名称：学生在申请企业名称时，首先不能有重复的名称，如果重复，系统会有提示；其次，企业的名称需要和当前所经营的产品性质(传真机)有关系。企业名称展示企业的形象，所以好的企业名称对公司在后期参与交易洽谈有着直接影响。

企业名称：

____

____

____

(2)所在区域：是指学生公司设立的区域，与所营销的区域并无直接联系。

企业所在区域：

____

____

____

(3)品牌名称：好的品牌能提升公司的整体形象，而且可以吸引其他厂商与你合作。品牌名称应该有新意，以吸引客户。

品牌名称：

(4)品牌信息：品牌信息是对产品概括性的宣传，比如：价廉物美的传真机等。

品牌信息：

2. 即时数据

包括经营状况和收支情况。经营状况显示公司的经营数据，这些数据根据学生的操作自动实时更新。学生通过对即时数据的查看，及时了解公司的经营状况。

目前公司的经营情况：

3．营销环境

包括市场调查、市场细分、SWOT分析和竞争战略分析。

(1)市场调查：市场调查目的是让学生对营销产品的行业进行初步了解；

(2)市场调查问卷：学生可根据市场调查数据制定自己的营销策略，并为撰写市场调查报告提供数据基础。

(3)竞争对手调查：学生在这里可查看其他厂商的经营情况，但要支付一定的费用，并可根据调查数据调整自己的营销策略。

(4)市场调查报告：软件提供了多媒体编辑器，学生根据上述调查数据撰写自己的市场调查报告，老师在后台可查看，方便老师管理和统计。

市场调查问卷设计笔记：

竞争对手调查笔记：

市场调查笔记：

4. SWOT 分析

包括市场细分笔记、SWOT 分析、SWOT 分析报告三个部分，SWOT 分析根据市场细分笔记来填写 SWOT 分析内容，掌握 SWOT 分析方法。

市场细分笔记：

SWOT 分析笔记：

SWOT 分析报告笔记：

5. 市场定位

学生根据调查问卷结果，对其中的某一项数据进行细分，设计自己的细分笔记和STP报告，同时，确定自己的营销区域，进行市场开拓。系统按中国行政区划分为七大区域，学生可根据自己的经营风格，采用激进或保守的经营方式，选择多区域开发或一个区域集中突破的营销战略，如图1-18所示。

图1-18　营销区域划分示意图

在选定的营销区域进行市场开拓，这是具体营销活动的第一步。

市场定位笔记：

6. 产品策略

包括产品研发、产品包装和产品生产。

(1)产品研发：产品研发的目的是提升产品档次，学生根据自己的经营策略综合考虑研发投入，制定合适的产品研发策略。包括自主研发和直接购买，目的是提升产品档次；当影响产品等级的指数之和为1时，产品即可提升一个档次。市场有高中低档的产品需求，高档产品利润高、投入大、需求小，低档产品利润少、需求相对较多。学生采用什么样的产品策略，需要根据自己的运营策略来决定，如图1－19所示。

研发投入　历史研发投入

投入项目	投入资金	适合产品	影响产品等级	研发失败率	操作
预置拨号功能	20000.00 元	电话机	0.0100	4.0000%	开始研发
编程电子密码锁	70000.00 元	电话机	0.1000	5.0000%	开始研发
全触摸屏按键设计	30000.00 元	电话机	0.0500	5.0000%	开始研发
无绳电话机技术	65000.00 元	电话机	0.1100	5.0000%	开始研发
磁石电话机技术	40000.00 元	电话机	0.0800	5.0000%	开始研发
语音识别声控电话机技术	100000.00 元	电话机	0.1600	5.0000%	开始研发
先进的语音压扩技术	80000.00 元	电话机	0.1200	5.0000%	开始研发
遥控操作的语音提示技术	60000.00 元	电话机	0.1900	5.0000%	开始研发
三级防雷击加强型保护电路技术	50000.00 元	电话机	0.0700	5.0000%	开始研发
夜光功能技术	6800.00 元	电话机	0.0100	3.0000%	开始研发
六万多组随机防盗密码技术	15000.00 元	电话机	0.0200	3.0000%	开始研发

图1－19　自主研发投入－产出示意图

自主研发费用相对技术购买比较低，但是有一定的失败率。失败率是基于单项技术研发所有学生投入数量随机产生，如图1－20所示。

(2)产品包装：每个档次产品均需要选择包装，选择不同的包装花费的成本不同；包装档次会影响产品档次的提升。

(3)产品生产：系统会自动计算当前档次和包装下的单个产品成本和最大生产能力；系统设定在一个实验周期内最多生产10次(老师后台可以修改)，学生需要根据市场销售情况和资金情况合理进行生产排期，如图1－21所示。

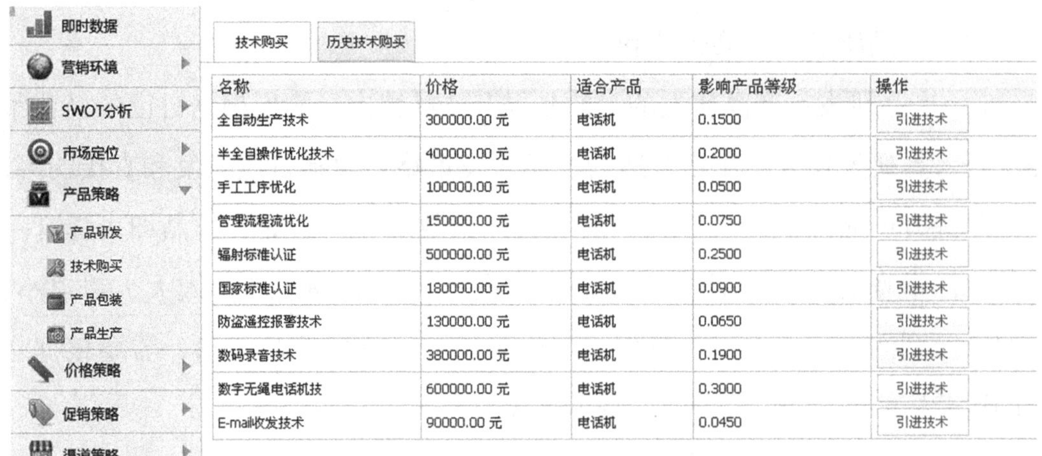

图 1－20　技术购买投入－产出示意图

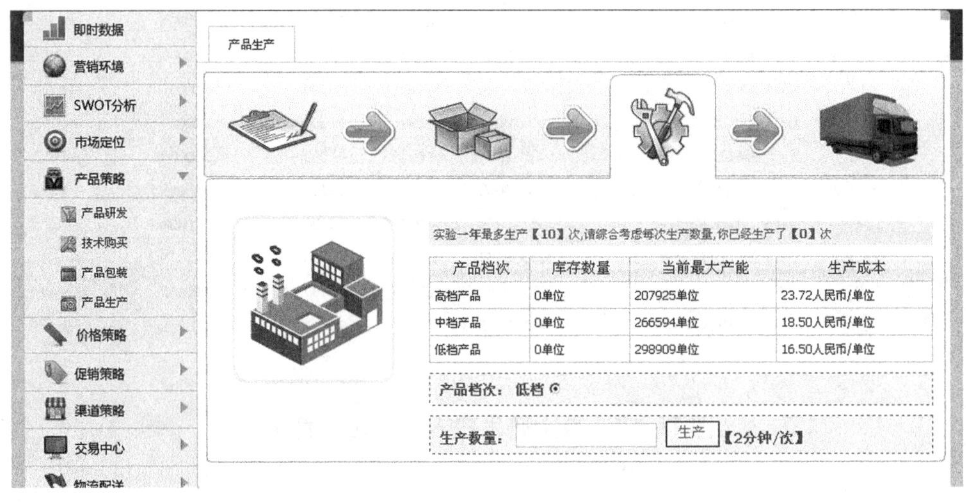

图 1－21　产品生产规则示意图

产品研发笔记：

产品包装笔记：

____

____

____

____

____

____

产品生产笔记：

____

____

____

____

____

____

7. 价格策略

在自己营销区域内对各种档次产品进行定价，系统规定每年可作一次价格调整。定价高低将影响渠道合作。学生可根据自己的营销战略规划和市场状况采用价格适中的满意策略。具体定价的参照标准和依据将在后文中阐述，如图 1－22 所示。

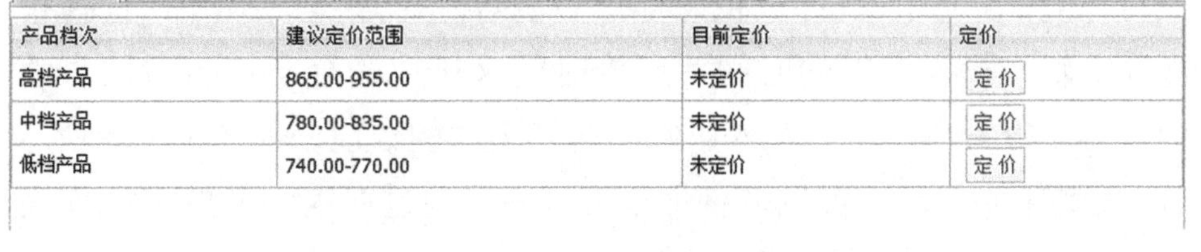

定价策略　调价策略

华南地区　华中地区　华北地区　华东地区　西南地区　西北地区　东北地区

产品档次	建议定价范围	目前定价	定价
高档产品	865.00-955.00	未定价	定价
中档产品	780.00-835.00	未定价	定价
低档产品	740.00-770.00	未定价	定价

图 1－22　定价参照标准和依据示意图

价格策略笔记：

8. 促销策略

促销策略包括宣传策略、服务策略以及促销活动。其中，宣传策略的目的是提高品牌知名度，以至提高市场份额，增加销售量。服务策略是通过服务提高营销区域覆盖范围比例，增加市场份额。

(1)广告策略：广告策略的目的是提高品牌知名度和市场份额。软件提供常用的媒体宣传方式，以电视媒体为例，在自己经营的区域进行广告投放。首先点“广告内容设计”设计电视媒体广告内容，再点“电视媒体”选择投入广告的频道，输入投入广告的时间，广告时间 × 投放资金 = 广告费用。学生可在即时数据中查看本次广告投入影响品牌知名度的数值，如图 1 – 23 所示。

(2)促销策略：软件提供多种促销方式，可通过促销活动的实施提高目标区域市场份额数量，如图 1 – 24 所示。

图 1 –23　广告策略示意图

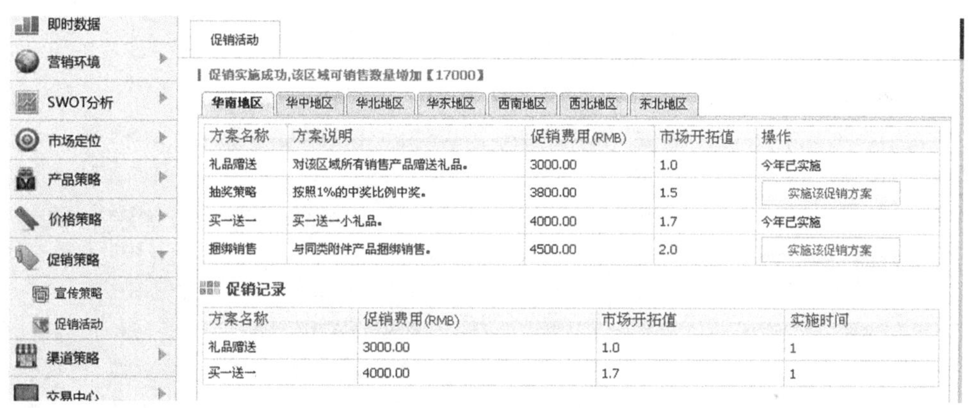

图 1 –24　促销策略示意图

价格策略笔记：

____

____

____

____

____

____

____

____

9. 渠道策略

渠道策略是学生销售产品的途径之一，软件提供超市和商场两种渠道。与渠道合作是在竞争的环境下展开，学生根据自己各区域定价、信用等级、品牌知名度和产品档次，以及商场和超市的具体属性，选择合适的合作渠道。各渠道需求总量有限，学生需要在最大销量和最小投入之间寻找平衡点，实现利润最大化。销售数量表示本年度超市和商场还能销售的产品数量。只要学生市场份额数大于订单招标数量，渠道在年度可合作的状态下，学生可以重复提出合作意向，如图 1－25、图 1－26 所示。

超市渠道 | 商场渠道 | 历史合作渠道

华南地区 | 华中地区 | 华北地区 | 华东地区 | 西南地区 | 西北地区 | 东北地区

渠道名称	年销售量	可销售数量	招标数量	管理费用	价格要求	品牌要求	信用要求	产品档次	操作
家乐福	2350件	2350件	587件	11.40件/元	≤ 1139.00元	≥ 0.1200	≥A	低档	申请合作
WALMART	4080件	4080件	1020件	9.40件/元	≤ 1085.00元	≥ 0.1370	≥A	低档	申请合作
华润超市	3500件	3500件	875件	10.00件/元	≤ 1120.00元	≥ 0.1200	≥A	低档	申请合作
新一家超市	2000件	2000件	500件	10.90件/元	≤ 1090.00元	≥ 0.1000	≥A	低档	申请合作
好又多超市	2500件	2500件	625件	9.90件/元	≤ 1110.00元	≥ 0.1200	≥A	低档	申请合作
家乐福	2360件	2360件	590件	15.00件/元	≤ 1160.00元	≥ 0.2200	≥A	中档	申请合作
WALMART	3100件	3100件	775件	13.00件/元	≤ 1200.00元	≥ 0.2350	≥A	中档	申请合作
华润超市	3580件	3580件	895件	18.00件/元	≤ 1225.00元	≥ 0.2800	≥A	中档	申请合作
新一家超市	1980件	1980件	495件	15.00件/元	≤ 1180.00元	≥ 0.2200	≥A	中档	申请合作
好又多超市	2400件	2400件	600件	14.00件/元	≤ 1200.00元	≥ 0.2200	≥A	中档	申请合作
家乐福	2320件	2320件	580件	19.00件/元	≤ 1250.00元	≥ 0.3130	≥A	高档	申请合作
WALMART	4100件	4100件	1025件	16.00件/元	≤ 1302.00元	≥ 0.3400	≥A	高档	申请合作
华润超市	25200件	25200件	6300件	20.00件/元	≤ 1280.00元	≥ 0.3800	≥A	高档	申请合作
新一家超市	2000件	2000件	500件	16.60件/元	≤ 1290.00元	≥ 0.3000	≥A	高档	申请合作
好又多超市	2539件	2539件	634件	18.80件/元	≤ 1310.00元	≥ 0.3300	≥A	高档	申请合作

图 1－25　渠道策略示意图一

超市渠道　商场渠道　历史合作渠道

合作失败，你的区域定价大于最大进货价格!

华南地区　华中地区　华北地区　华东地区　西南地区　西北地区　东北地区

渠道名称	年销售量	可销售数量	招标数量	管理费用	价格要求	品牌要求	信用要求	产品档次	操作
家乐福	2350件	2350件	587件	11.40件/元	≤ 1139.00元	≥ 0.1200	≥A	低档	1家 已发送合作意向
WALMART	4080件	4080件	1020件	9.40件/元	≤ 1085.00元	≥ 0.1370	≥A	低档	申请合作
华润超市	3500件	3500件	875件	10.00件/元	≤ 1120.00元	≥ 0.1200	≥A	低档	申请合作
新一家超市	2000件	2000件	500件	10.90件/元	≤ 1090.00元	≥ 0.1000	≥A	低档	申请合作
好又多超市	2500件	2500件	625件	9.90件/元	≤ 1110.00元	≥ 0.1200	≥A	低档	申请合作
家乐福	2360件	2360件	590件	15.00件/元	≤ 1160.00元	≥ 0.2200	≥A	中档	申请合作
WALMART	3100件	3100件	775件	13.00件/元	≤ 1200.00元	≥ 0.2350	≥A	中档	申请合作
华润超市	3580件	3580件	895件	18.00件/元	≤ 1225.00元	≥ 0.2800	≥A	中档	申请合作
新一家超市	1980件	1980件	495件	15.00件/元	≤ 1180.00元	≥ 0.2200	≥A	中档	申请合作
好又多超市	2400件	2400件	600件	14.00件/元	≤ 1200.00元	≥ 0.2200	≥A	中档	申请合作

图 1－26　渠道策略示意图二

超市渠道笔记：

商场渠道笔记：

10. 交易中心

学生的竞争和对抗在这里得到充分体现。学生可根据自己的营销策略、市场份额、经营风格、资金周转情况等，决策重点销售途径。招投标能实现一次性大的销售，利润率较高，但在品牌知名度等方面要求较高；自由交易可加速资金快速周转；渠道销售比较固定，可获得稳健的销售途径。

(1)招投标中心：招投标是学生销售产品的途径之一，利润率较高，竞争比较激烈，充分体现软件的竞争对抗性，如图 1－27 所示。

未开标标书　已开标标书　废标标书

招投标中心

区域：--所有区域--　产品档次：--所有--　信用等级：--所有--　查询

找到50 条记录，显示 1 到 10　10

序号	标题	区域	信用等级	欲采购数量	投标截止日期	标书价格	标书详情	配货详情	操作
1	313号标的	西北地区	AA	15000	2014年	200.00	查看	查看	标价并投标
2	312号标的	西北地区	AA	10000	2014年	500.00	查看	查看	标价并投标
3	311号标的	西北地区	A	10000	2014年	200.00	查看	查看	标价并投标
4	310号标的	西北地区	AA	15000	2014年	200.00	查看	查看	标价并投标
5	309号标的	西北地区	AA	5000	2014年	200.00	查看	查看	标价并投标
6	308号标的	华北地区	AAA	15000	2014年	500.00	查看	查看	标价并投标
7	307号标的	华南地区	AAA	10000	2014年	200.00	查看	查看	标价并投标
8	306号标的	华南地区	AAA	15000	2014年	500.00	查看	查看	标价并投标
9	305号标的	西南地区	AA	5000	2014年	200.00	查看	查看	标价并投标
10	304号标的	西南地区	AA	10000	2014年	200.00	查看	查看	标价并投标

图 1－27　招投标中心规则示意图

学生参与投标的标准包括：产品价格、产品档次、信用等级和品牌知名度，以及营销区域的市场份额等各种要素。软件提供各种标书，每个标书的需求和要求都有所区别。学生根据自己公司的经营情况，以及标书的价格和采购数量，决策是否参与竞争利润最大化的标书。

招投标中心笔记：

（2）自由交易市场：是学生销售产品的途径之一，资金周转较为迅速。软件实现了一个现实的自由交易市场，让学生体验商务谈判的过程，并在这个市场中进行产品买卖。实验的互动性得到充分体现，如图1－28、图1－29所示。

交易洽谈　发布交易信息　交易信息管理

发布交易信息

发布标题	
交易产品	手机
交易类型	◉采购 ○抛售
信用等级要求	AA
产品档次	◉高档产品 ○中档产品 ○低档产品
产品数量	
高档产品	生产成本:【990.22】元 (交易单价范围【495.11】 至 【4951.10】元之间)
中档产品	生产成本:【985.00】元 (交易单价范围【492.50】 至 【4925.00】元之间)
低档产品	生产成本:【983.00】元 (交易单价范围【491.50】 至 【4915.00】元之间)
产品单价:	
单价说明	市场限制报价(产品单价不能高于【5倍】或低于【0.5倍】产品生产成本)

马上发布

图1－28　自由交易市场规则示意图

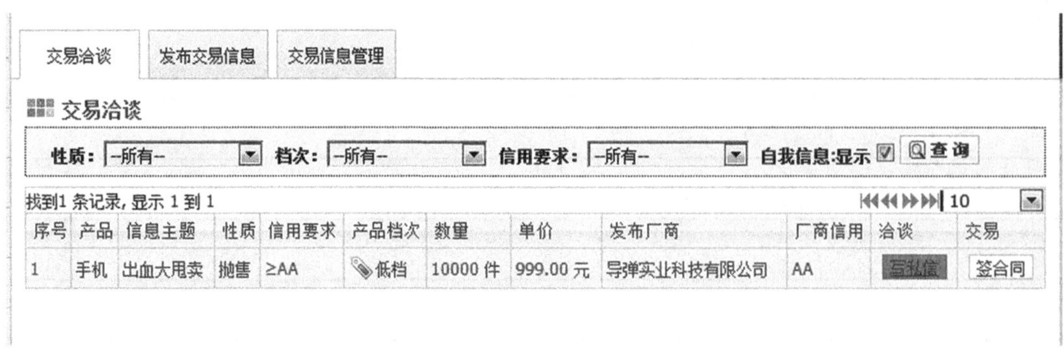

图 1－29　交易洽谈示意图

自由交易市场笔记:

11. 物流配送

学生在这里完成销售订单的配送过程，不按时发货将降低信用等级，及时发货可提高资金的周转率。在同样资金和同样利润率的情况下，提高资金周转率，能实现更大利润，如图 1－30 所示。

未发货订单　违约订单　已发货订单

产品档次	库存数量
高档产品	0单位
中档产品	0单位
低档产品	0单位

送货单号	交易类型	数量	订单金额	收货公司	收货公司区域	产品等级	发货时间	操作
#1号	超市合作	587件	￥645,700.00	家乐福	华南地区	低档	2014年	发货

说明
不按期发货：将在年度结算时降低发货方信用等级一级。
按期发货：本年无拖欠发货及其他违约情况提升信用一级
对方不能支付货款：将视对方违约，年底结算还不能支付货款将降低收货方信用一级。

图 1－30　物流配送规则示意图

物流配送笔记：

六、学生操作

本次实验的产品是传真机，初始资本为 1 500 万，实验周期为 1 年。

第一步：学生注册等待老师审批。

学生在初次使用时，需要先注册一个账号，经过老师在后台审核后方可登录。

点击界面的“注册”进入学生注册界面。

填写用户名时最好不要用中文、标点符号，推荐用英文、字母、数字。

学生名字：要求学生在注册时填写自己的真实姓名，以便实验时老师在后台打分!

选择班级：注册时要注意选择自己所在的班级进行注册，否则老师找不到该学生。

密码、学生名字后还可以选择学生所在班级和希望扮演的经营角色，注意：学生注册的用户名不能与老师或者系统管理员的用户名相同，否则系统会提示名字重复无法注册，如图 1 –31 所示。

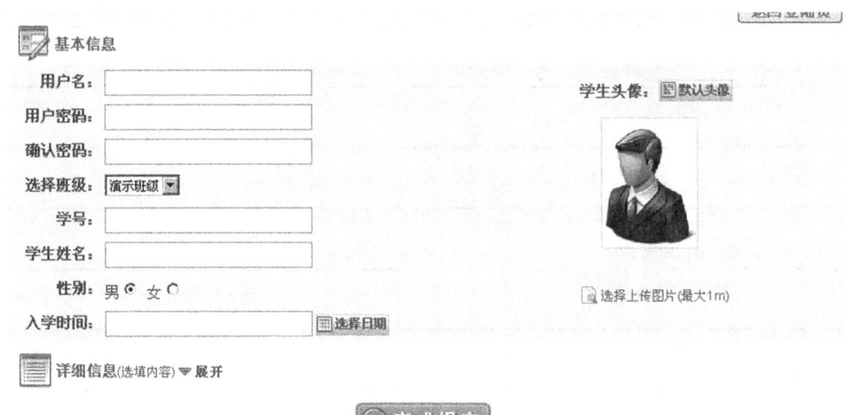

图 1 –31　学生注册示意图

点击“注册”后系统有如下提示，表明注册成功，按“确定”，老师在后台审核后即可使用本软件了，如图 1 –32 所示。

第二步：注册公司，完成产品策略、宣传策略、价格策略、产品销售四大营销主要环节的实践练习。在了解了 4P 在系统中的应用之后，在本次实验中，学生应将 4P 营销技能运用到传真机的营销实战中。就传真机，我们先从

Microsoft Internet Explorer
注册成功，老师审批你的帐号后，你就可以开始使用
确定

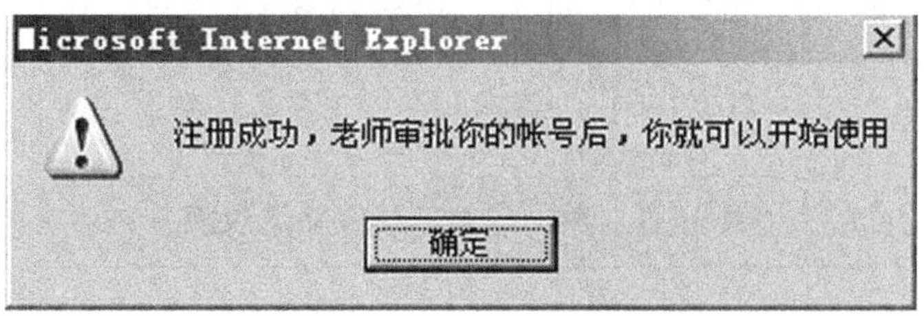

图 1－32　学生提交审批示意图

产品来了解它的具体情况，如图 1－33 所示。

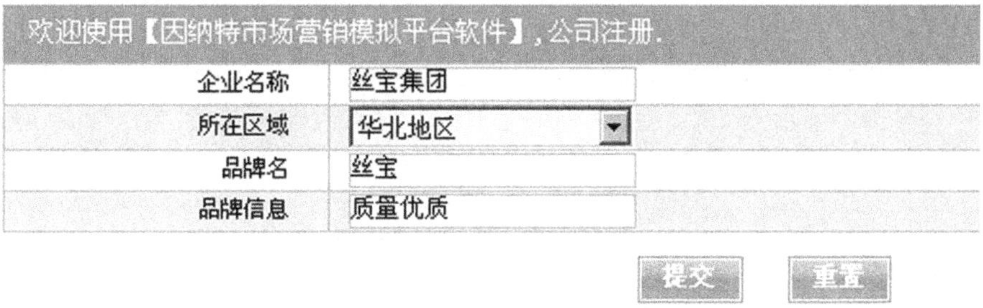
欢迎使用【因纳特市场营销模拟平台软件】，公司注册.
企业名称 丝宝集团
所在区域 华北地区
品牌名 丝宝
品牌信息 质量优质
提交
重置

图 1－33　学生注册公司示意图

点击提交后，会显示注册信息，学生点击 进入模拟平台 ，进入实验操作，操作界面如图 1－34 所示。

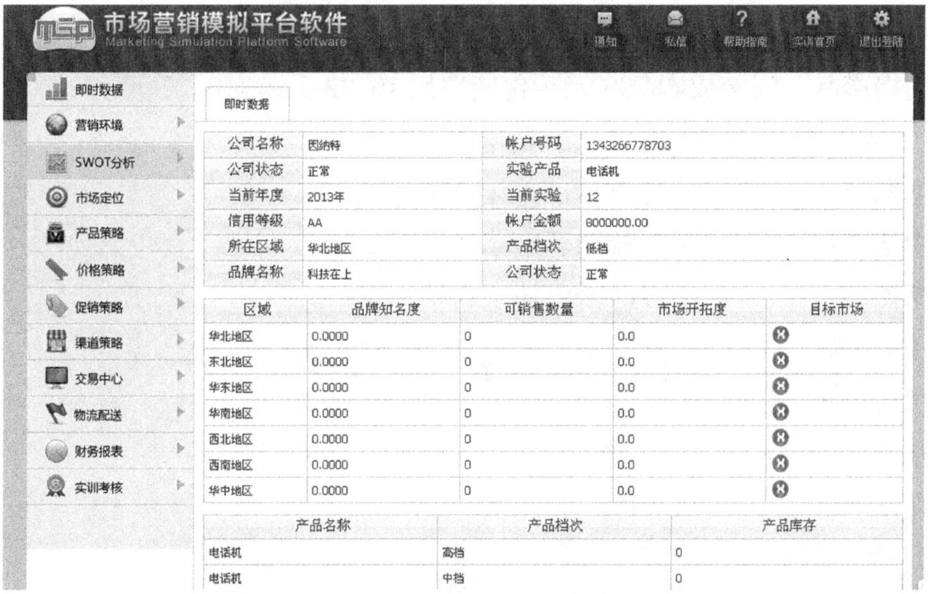
市场营销模拟平台软件
Marketing Simulation Platform Software
通知
私信
帮助指南
实训首页
退出登陆
即时数据
营销环境
SWOT分析
市场定位
产品策略
价格策略
促销策略
渠道策略
交易中心
物流配送
财务报表
实训考核
即时数据
公司名称 因纳特　帐户号码 1343266778703
公司状态 正常　实验产品 电话机
当前年度 2013年　当前实验 12
信用等级 AA　帐户金额 8000000.00
所在区域 华北地区　产品档次 低档
品牌名称 科技在上　公司状态 正常
区域　品牌知名度　可销售数量　市场开拓度　目标市场
华北地区 0.0000 0 0.0
东北地区 0.0000 0 0.0
华东地区 0.0000 0 0.0
华南地区 0.0000 0 0.0
西北地区 0.0000 0 0.0
西南地区 0.0000 0 0.0
华中地区 0.0000 0 0.0
产品名称　产品档次　产品库存
电话机 高档 0
电话机 中档 0

图 1－34　学生进入实验操作示意图

在了解了传真机产品生产、研发、包装等费用之后，将每一年的相关生产数据记入表1－1，操作记录如下。

表1－1　第一年度产品策略记录表

姓名：	学号：	公司名称：	实验年度：1
序号	生产数量	产品档次	生产成本
1			
2			
3			
4			
合计	各档次产品年配货总量： 各档次产品年库存量：		

1．产品策略

(1)不同档次的传真机生产成本

低档产品：固定成本700元＋包装费用3元＝703元；

中档产品：固定成本700元＋包装费用5元＝705元；

高档产品：固定成本700元＋包装费用10.22元＝710.22元。

(2)不同档次产品所需的研发费用

低档产品：无需研发，初始为低档产品；

中档产品：二百万(由低档至中档)；

高档产品：一百九十万(由中档至高档)。

(3)包装成本

普通包装：3元/个；

精美包装：5元/个；

豪华包装：10.22元/个。

2．促销策略操作

在所营销的区域内进行广告投放，提升品牌知名度，并在必要的时期进行促销活动，扩大市场份额。操作时注意每项广告投入的宣传有效度和合作渠道的品牌知名度的大小。操作完后填写表 1－2、表 1－3。

表 1－2 第一年度促销策略记录表

姓名： 学号： 公司名称： 实验年度：1

序号	区域	原市场开拓度值	品牌知名度	原市场份额数	促销项目	促销投入资金	促销后市场份额数
1							
2							
3							
4							
5							
6							
7							
8							
9							
10							
11							
12							
13							
14							
15							
16							

表 1－3　第一年度宣传策略记录表

姓名：　　　　　学号：　　　　公司名称：　　　　　　　　　实验年度：1

序号	投放媒体名称	宣传有效度	投放数量	投放总金额	提升品牌知名度
1					
2					
3					
4					
5					
6					
7					
8					
9					
10					
11					
12					
13					
14					
15					
16					
合计	年度宣传总费用： 年品牌知名度值：				

3．价格策略操作

对所营销的区域进行不同档次产品的定价，定价之前要先了解渠道的价格范围，系统已经给出不同档次的价格范围，根据渠道要求、竞争情况、利润情况等合理的定价调价，见表1－4。

表1－4　第一年度价格策略记录表

姓名：	学号：	公司名称：			实验年度：1
区域	产品档次	原定价	销量	调整价格	销量
华南	低				
	中				
	高				
华北	低				
	中				
	高				
东北	低				
	中				
	高				
西南	低				
	中				
	高				
西北	低				
	中				
	高				
华中	低				
	中				
	高				
华东	低				
	中				
	高				
备注	按照公司选择的目标市场记录已经采取的价格策略				

4. 渠道策略操作

超市和商场是系统提供的两大销售渠道，根据公司与渠道合作的方法，学生根据自己的营销决策，填写渠道汇总表，见表1－5。

表1－5　第一年度合作渠道汇总表

姓名：　　　　学号：　　　　公司名称：　　　　　　　实验年度：1

区域	渠道名称	产品档次	销售数量	管理费用	销售额

七、分析能力训练

1. 分析影响市场份额的要素并试作详细分析。

2. 如何合理安排产品生产计划，分析不合理的生产计划对销售的影响。

八、案例学习一

美的集团营销战略的转变

美的集团(SZ. 000333)是一家以家电制造业为主的大型综合性企业集团，于2013年9月18日在深交所上市，旗下拥有小天鹅(SZ000418)、威灵控股(HK00382)两家子上市公司。2012年，美的集团整体实现销售收入达1 027亿元，其中外销销售收入达72亿美元。2013年“中国最有价值品牌”评价中，美的品牌价值达到653.36亿元，名列全国最有价值品牌第5位。

(一)曾经的4P战略

1. 产品(Product)

产品是指企业提供给目标市场、顾客的货物、服务的集合，产品是以顾客的需求为原点的，如果没有顾客的需求，不能满足顾客的需求，任何产品和服务都是百无一用的废物。而企业是通过产品的销售来实现自己的利润和生存发展的。这要求企业从产品的效用、质量、外观、款式、包装、规格、服务等方面满足顾客的需求，只有成为顾客的选择，才能顺利实现产品的销售，从而达成企业自身生存和发展的目的。空调行业是美的集团(以下简称美的)自主业(电风扇业务)之后第一个进入的行业。根据美的官方资料显示，早在1985年，美的就已经开始了空调器的制造。之后，美的进行了一次“触及灵魂”的大变革，建立起了当时在美国很是流行但在国内却还非常罕见的以事业部为经营主体的新体制，积极下放权力，相继成立了空调、家庭电器、压缩机、电机、厨具五个事业部，每个事业部由多家企业构成，各事业部设立了市场、计划、服务、财务、经营管理五大模块，形成了以市场为导向的组织架构。美的产品不仅品牌多，质量更是过硬，外形美观，包装精致，服务良好，能全面满足顾客的需要。如美的微波炉的蒸功能更好地满足了顾客的需求。美的微波炉每年在产品的科技研发方面投入巨资，通过不断进行科技创新来完善产品的蒸功能，突出营养、时尚、智能化的主题，力求推出更多满足消费者需求的高科技、个性化产品。

2．渠道(Place)

渠道的作用是企业如何把产品送到顾客的手里，以缩短产品与顾客的物理距离，让顾客能随时随地买到自己企业的产品。作为家电零售业，美的携手经销商开设专卖店的消息颇受业界关注。当前的竞争已经是“无缝竞争”，即必须全力以赴，用尽所有的招数才能胜出，产品力、渠道优势、促销攻势、价格吸引力等缺一不可。因此，作为吸引经销商的终极招数，让主力经销商入股经营就成为必然了。美的透露，2007 年至今，其携手全国经销商，在全国已开设近 5 000 家专卖店，专卖店形式不限，可以美的空调 4S 店、美的空调专卖店、美的专卖店等形式筹建。美的会通过对专卖店大力支持来确保其有较高的成长能力和发展能力。这些专卖店区别于一般普通的专柜品牌展示区，是集销售、推广、服务于一体的全方位展示，这将大大提升美的品牌的形象，是美的销售渠道形式的创新。美的专卖店的出现有利于形成多渠道的平衡，让销售服务更为专业化，将消费体验带入销售环节，拉近厂家、经销商与消费者之间的距离，增加市场对于品牌的信任度、满意度，全面提升品牌美誉度。

3．促销(Promotion)

促销的本质是企业与顾客的互动沟通，是指企业利用各种信息载体与目标市场进行沟通的传播活动，是企业把产品、品牌的信息清晰、准确、一致、有效地传递给顾客的过程，是企业与顾客互动沟通的过程。美的公司在各大节假日进行了大量的促销活动，促销手段多样，如参与抽奖活动，网上答题，种种这些促销方式都收到了良好的效果。

4．价格(Price)

由于价格战的弊处越来越大，美的从压低价格到提升产品价值，从被迫参与恶性竞争到回归商业本原，完成了从价格战到“价值战”的突围。目前美的放弃低端价格竞争，转而研究消费者需求，引进国外技术人员加强技术创新，制造出更适合中国家庭使用的产品，整个市场也由此赢得了新的发展机遇。例如，美的微波炉，因为拥有蒸煮功能，获得国家专利的“食神蒸霸”问世。“食神蒸霸”可以做诸如梅菜扣肉之类的所有传统蒸菜，打破了此前的微波炉只是加热工具的局限。此后，美的微波炉走上了提升微波炉价值、共享价值链，从而回归商业原本的道路，不断通过技术改进赋予产品甚至整个行业新的价值。

（二）美的营销战略转向4Cs

营销理念的转换席卷中外大企业，4Ps被逐渐抛弃，4Cs大行其道。为什么会出现营销学这一次创新性的革命？专家认为，这与传统营销被普遍采用以后的成本上升和增长放缓有关。由于传统营销被大量同质化采用，企业界先后出现了广告战、渠道战、促销战等很多大同小异的战术。当不同企业同时大量采用这种手段的时候，它们在提高了企业成本之外，对企业销售的促进作用开始被互相抵消，从而使传统营销的经典手段对企业成长的促进作用被大大降低。这种情况不仅是在我国，就是在营销学发源地的西方国家亦是如此。于是以美国西北大学的教授舒尔茨为代表的一批营销界学人士开始思考营销学的下一步发展，最后得出了4C理论。

1. 为消费者提供标准

2003年5月，美的饮水机太空博士、数码博士和迷你博士系列产品全面降价，与去年相比最高的降价幅度达70%，同时在全国范围内开展“百万重奖刮刮乐”促销活动，以分体式空调、时尚手表等礼品重奖幸运的消费者。美的饮水机实际上是想建立饮水机市场的优质低价标准，以便消费者在选购饮水机时进行参照，用合理的价格，购买功能实用的产品，最大限度保障自身的利益。根据消费者的需求确定价格，为消费者提供物有所值的产品，让中国家庭充分享受质优价廉的全线家电产品，是美的能够进入千家万户的根本原因。

2. 4C挑战传统4P

虽然4P在半个世纪的营销学中占主导地位，但是到了20世纪90年代，随着消费者个性化日益突出，加之媒体分化、信息过载，传统的4P逐渐受到4C的挑战。把产品（Product）搁到一边，加紧研究消费者的欲望和需求（Consumer Wants and Needs）；不要再卖你所能制造的产品，要卖消费者确定想购买的产品。暂时忘掉价格（Price）策略，快去了解消费者，要满足其欲望与需求的成本（Cost）。忘掉通路（Place）策略，应当思考如何给消费者方便（Convenience）。最后忘掉促销（Promotion），学会沟通（Communication）。4C理论的出现，有助于企业进一步确立以顾客为中心的经营导向。4C理论要真正实施起来是有一定门槛的，除了投入的门槛以外，更重要的是思维方式上的门槛。美的营销4C理论的实践取得了初步成效，在整个营销活动中，已不仅仅从竞争对手的行动出发，而是更多地从消费者的需求、成本、消费者便利和沟通四个方面来展开营销活动。专家认为，4C 理论的完美实践，是包括美的在内的所有家电企业今后努力的方向。

案例来源：

1. 美的 4P 市场营销分析，圣才学习网，www. 100xuexi. com 2011/10/21.
2. 文武. 美的营销战略转向 4Cs，中国商报网站，http://www. cb－h. com.

讨论：

1. 分析美的集团的 4P 营销策略。仅仅使用 4P 营销策略是否能够应对目前市场的竞争现状，为什么？

2. 4Cs 是什么，为什么美的营销战略转向 4Cs？

九、案例学习二

7天连锁酒店集团的4C营销

7天连锁酒店集团(7Days Inn. Group)创立于2005年，目前已建立了覆盖全国的经济型连锁酒店网络，在营分店超过330家，遍布广州、北京、深圳、上海、南京、武汉、成都、长沙、重庆等国内50余个城市和地区。据最新的行业调研数据，按照拥有的在营酒店数量排名，7天已经成为中国经济型连锁酒店行业第2大品牌。同时，截至2009年12月31日，7天已拥有中国经济型酒店中规模最大的会员体系，会员数量超过975万。

目前，连锁酒店最大的顾客群体主要集中在中小企业商务人士及“背包族”。对于这类消费者而言，酒店环境舒适卫生安全、价格经济实惠、出入交通便利、手续办理快捷高效，是他们选择酒店时最为关注的几个因素。对此，7天连锁酒店将“顾客感受第一”的理念贯彻始终，以将核心消费者锁定，并提供个性化服务。

1. 以消费者需求为核心，注重品牌体验式服务

全面提高产品质量。7天高度关注顾客“天天睡好觉”的核心需求，并以此为根本出发点力求为顾客打造一个舒适如家的住宿环境。坚持不懈以顾客切身感受为导向，不遗余力在细节上用心，在保持原有价格优势的前提下，通过配置高质量淋浴设备、五星级标准大床，改善营养早餐搭配、提供睡前牛奶，实现洁净毛巾封包，升级隔音设施、室内拖鞋等措施，全面提高各项产品品质及舒适度。

营造快乐服务氛围。7天酒店服务人员数量不多，但年龄基本都是20岁左右的年轻人，他们充满朝气、善于沟通，不管是前台接待、还是电话咨询都给人热情大方的感觉，有效减少了顾客对异地的陌生感，有助于顾客放松心情，营造一种轻松氛围。

2. 以“经济性”为中心，力求控制客户成本

为了满足消费者的“实惠”要求，7天全面控制成本，在硬件设施配置上用心斟酌。摈弃了传统酒店客房中大衣柜、笨重书桌、浴缸等物品，转而将简约、实用、清新、便利的宜家式板式组合家具融入客房设计中，注重增添客房“家”的温馨感和实用性。

3．以“便捷”为重心，为客户创造方便快捷

第一，交通环境便捷。7 天分店一般位于交通便利的地方：如市内交通枢纽附近(市内长途汽车站、火车站等)、主要会所附近(会展中心等)、市内各大地标附近(如重庆解放碑、成都春熙路等)，极大程度上满足了顾客出行方便的要求。

第二，预订方式高效。7 天酒店成功缔造了中国酒店业第一电子商务平台，同时还建立了互联网络、呼叫中心、短信预订、手机 WAP 及店务管理等一体化系统，顾客足不出户就能通过 4 种便捷方式完成客房资源的实时查询、预订、确认、支付等流程。既节约了顾客的时间、精力，又节约了 7 天的人力资源成本，而且非常符合当代消费者“网络化”的生活特点。

第三，网络信息分享便利。①连锁分店信息全面化。7 天在其主页上提供了各家分店的详细信息，包括整体情况介绍、电子地图、会员评价、预订情况、房间价格、设施配套情况、乘车路线等，让顾客在预订之前能作出有效地选择，提前熟悉异地环境。②城市资讯向导化。为了给顾客提供更加丰富的信息，使其有个精彩的异地游经历，7 天联合口碑网将相关城市的特色餐饮、娱乐、交通及其他的生活资讯通过网络与消费者实现共享，成为名副其实的“网络导游”。

4．以“真诚相待”为宗旨，实现交流方式多样化

第一，网络信息丰富实用。7 天酒店主页设置了“会员分享”板块，为非会员顾客提供了一个经验分享的自由平台。同时，“24 小时客服小秘书”及时在线回答最新活动、积分管理、预订导航、入住宝典等各类业务问题，让顾客通过网络与 7 天零距离接触。

第二，信息反馈积极互动。针对网上预订且本人入住的顾客，7 天设计出了“7 天连锁酒店服务质量调查”问卷，并配备了增加积分政策，鼓励顾客在亲身入住体验之后积极填写反馈；同时，7 天通过不定期召开会员主题座谈会、《7 天四季》刊物面向全体顾客征稿等面对面、心连心的接触形式认真倾听来自顾客的声音，以作为它不断改进的重要参考。

第三，精彩活动推陈出新。7 天通过开展一系列公益捐款、会员优惠、半价兑换、获取电子抵用券、征稿等增值活动，有效调动顾客的参与积极性。这种做法是比较明智的，既可保持连锁酒店的价格体系的稳定，又为消费者变相提供了不同质量水平的服务。

案例来源：

查克玲. 经济型连锁酒店4C营销策略分析——以7天连锁酒店为例. 管理与财富,2010(04)：96－97.

讨论

1．连锁酒店顾客群体的总体特征是什么？

2．7天连锁酒店集团如何开展4C营销？

十、案例学习三

碧桂园的4R营销

碧桂园是一家以房地产为主营业务，涵盖建筑、装修、物业发展、物业管理、酒店开发及管理等行业的国内著名综合性房地产开发企业。碧桂园以快速和规模性开发房地产项目著称。碧桂园超常规、跨越式的发展，诠释了一个民营企业由小到大、由弱到强的独特发展轨迹。碧桂园惊人的发展速度引起了社会各界的广泛关注并获得高度评价，其独特的发展模式被誉为“碧桂园模式”。“碧桂园模式”有许多值得挖掘和借鉴的地方，尤其是碧桂园房地产营销模式独特。本文以营销理论为依托，遵循提出问题、分析问题、解决问题的基本思路，综合运用理论分析、实证分析、比较分析、案例分析等管理学研究方法对碧桂园的房地产营销模式进行分析。全文融合了定性分析与定量分析，理论分析与实证分析相结合。本文运用4P，4C和4R理论，STP理论的应用以及SWOT分析，对“碧桂园模式”进行深入研究，并且融合了新的房地产营销理论，以期总结出碧桂园的营销模式，为其以后的更大发展提供理论上的支持，也为其他房地产开发企业提供经验借鉴。凤凰城项目诞生于2002年，是碧桂园开发史上的里程碑，经过9年的运营，已经成为一个成熟缤纷的大城。本文通过对凤凰城项目的SWOT分析、凤凰城项目定位、凤凰城项目营销策略组合等总结出凤凰城项目的成功经验。最后，本文重点总结分析了碧桂园模式的成功之处与局限性，碧桂园模式成功运作的条件以及碧桂园模式进一步完善的对策。具体于房地产行业，4Rs是一种非常准确描述开发商与业主之间关系的营销策略，同时也符合当前人们对商业的普遍要求，也是第一次把双赢的概念引入房地产的营销策略。4Rs有利于建立楼盘品牌，进一步成就企业品牌。一个好的营销策略能产生一个成功的楼盘，一个成功的楼盘就能成就一个企业品牌。4Rs就是这样一个营销策略。

开发商建立品牌的出发点是满足消费者的需求，而有些需求是感情化的，这就需要关系营销的力量。通过引入4Rs营销策略，可以给业主一个有情感“依归”感的房子，即“家”的概念十分重要。4Rs策略通过将关系营销引入售卖过程来建立起开发商与业主之间情感沟通的桥梁，使业主与开发商能相互理解，相互支持，从而成就一个名牌楼盘，进一步成就一个名牌的企业。

事实上，很多名牌的企业都已在经营实践中运用着4Rs营销策略。经典的房地产营销案例——碧桂园，在其整个的营销推介过程中，都能看到4Rs的影子，并且发挥了其显著的影响力。

首先，从开发理念上看，碧桂园推出“给你一个五星级的家”的概念，引进带装修的园林式住宅观念，满足了大批上班族品味家居生活的消费需求。碧桂园的功能设计包括住宅、居家生活以及教育配套。抓住了消费者的诉求点，及时适应了一批消费者的房产需求升级，将4Rs的关联(Relevancy)要素转变为销售核心价值，制造出有核心竞争力的产品。

其次，在碧桂园的售卖过程中，企业建立了业主沟通网站，所有业主的意见都可以在第一时间到达公司的决策层，对所有业主的资料建立详细的资料库，这正是4Rs中的反应(Response)要素。

再次，开发商与消费者之间建立长效稳固的关系，关系(Relationship)要素把对业主的管理变成了责任，消费者从顾客变成了品牌忠诚者，从管理营销组合变成管理和顾客的互动关系。

最后，回报当然不止是碧桂园一个项目的成功，碧桂园企业声名鹊起，其后在多地开发的其他项目在企业品牌和客户关系的积累中无往不利，地方政府在土地供给、定价等环节打开方便之门，且营销费用也节省了不少，企业获得了短期利润与长期回报双效回报。

综上所述，4Rs理论对于品牌营销的导入有以下几个可行性：

第一，4Rs营销理论的理论中轴是为竞争服务，在新的层面上组合了营销的新框架，适合于竞争日益激烈的行业。4Rs根据市场不断成熟和竞争日趋激烈的形势，关注企业与顾客互动与双赢，能够吸引大批忠诚的消费群体。

第二，4Rs体现并落实了关系营销的思想。通过关联、关系和反应，提出了如何建立关系、长期拥有客户、保证长期利益的具体操作方式，这是一个很大的进步。符合公司长效营销的特点，消费的特点决定消费者消费的理智性，因此良好的口碑是拓宽客户资源的最有效方法。

第三，反应机制为互动与双赢、建立关联提供了基础和保证，同时也延伸和升华了便利性。在当前竞争激烈的市场，顾客具有动态性。顾客忠诚度是变化的，要提高顾客的忠诚度，赢得长期而稳定的市场，就得与顾客建立某种利益方面的关联。就像社区服务项目，可以给物业公司带来一定收益，形成一种互求、互需的关系。开发商的市场任务也不再是制订和实施计划，而是对顾客的希望作及时的回复和反应，满足顾客不断变化的需求的同时，获得合理的利润回报，达到一个双赢的市场局面。

第四，“回报”兼容了成本和双赢两方面的内容。追求回报，企业必然实施低成本战略，充分考虑顾客愿意付出的成本，实现成本的最小化，并在4R基础上获得更多的顾客份额，形成规模效益。这样，企业为顾客提供价值和追求回报相辅相成，相互促进，客观上达到的是一种双赢的效果。对企业来说，市场营销的真正价值在于其为企业带来短期或长期的收入和利润的能力。

案例来源：

杨辉．碧桂园房地产营销模式研究．华中科技大学2011年硕士论文。

讨论：

1．分析碧桂园的4Rs营销策略。

2. 碧桂园的营销策略是否容易被其他地产企业模仿，为什么?

十一、案例学习四

ZARA 的 4S 营销策略

ZARA 官网品牌诞生于 1975 年，设立于西班牙，隶属于西班牙服装巨头 Inditex 集团（Inditex 集团为全球排名第三、西班牙排名第一的服装商）。ZARA 在全球 56 个国家内设立超过两千多家的服装连锁店。

1．ZARA 的“顾客满意”策略

ZARA 充分迎合了大众对于流行趋势热衷追逐的心态：穿得体面，且不会倾家荡产。ZARA 中国官网的定价略低于商场里的品牌女装，而它的款式色彩特别丰富。在这里，既可以找到最新的时髦单品，也可以找到任何需要的基本款和配饰，再加上设计丰富的男装和童装，一个家庭的服装造型甚至都可以一站式购齐。所以中国人都希望 ZARA 中国官网的存在。

随着网络的进步和普及，越来越多的女生喜欢在官网上买衣服。例如购买风衣，ZARA 中国官网没有独立的网站，我们可以通过在淘宝设立的 ZARA 淘宝官网旗舰店购买 100% 正品的服装。ZARA 之所以如此畅销应归功于它的 400 名空中飞人设计师，他们往返于世界各地的时尚场所，紧跟最新时尚潮流。而且 ZARA 花费巨资设计自己的供应链，全自动的裁剪染色中心，无法模仿的上千家终端市场，ZARA 深受全球时尚青年的喜爱，有设计师品牌的优异设计，价格却相对低廉，简单来说，ZARA 就是让平民拥抱 High Fashion。

2．ZARA 的“服务”策略

ZARA 在中国不接受任何形式的加盟或代理，由西班牙总公司直接运营。ZARA 是西班牙总部直接开店，不走代理或渠道的，没有中国官网，不做加盟，都是自开直营店。

3．ZARA 的“速度”策略

面对“永不满足”的顾客、“喜新厌旧”的市场，企业的唯一策略就是快速反应。ZARA 之所以能从传统行业的“红海”中脱颖而出，成为全球最知名的服饰连锁零售品牌，“快”速反应的供应链功不可没。ZARA 强调速度，甚至有些不惜代价地抢时间，因为失去时间的概念也就没有了时尚的概念，而其他服装企业更注重的是成本。ZARA 配送中心在快速、高效地运作，实际上其只是一个服装周转中心，主要功能是周转而不是存储；而国内众多服装企业的配送中心则是越建越大且里面成品堆积如山。通过产品组织与设计、采购与生产、产品配送环节的快速、有效运转，ZARA 虽然不是时尚的第一倡导者，却是以最快的速度把“潜能”变成现实的行动者。凭借为大众提供“买得起的快速时尚”的理念、“三位一体”的设计模式、垂直整合的供应体系，ZARA 在全球60 多个国家拥有1 000 多家直销专卖店，并正以每周一家新店的速度向全球扩张。ZARA 每年提供12 000 多种不同的商品供顾客选择，从设计理念到成品上架仅需十几天……

ZARA 以快速反应著称于流行服饰业界，其成功与创新的模式已成为业界的标杆：

从设计理念到上架：ZARA 平均只需10 ~ 14 天，而大多数服装企业需要6 ~ 9 个月甚至更长时间……

库存周转：ZARA 每年库存周转达到12 次左右，其他运作一流的服装企业也只能达到3 ~ 4 次，而国内大多数服装企业是0. 8 ~ 1. 2 次……

产品品种：ZARA 每年推出12 000 多种产品给客户，运作一流的服装企业平均只能推出3 000 到4 000 款，而国内多数企业能推出上千款的却寥寥无几……

销售量：2004 年ZARA 销售服装2. 36 亿件，这对即使追求数量的中国众多服装企业来说，也是可望不可即的天文数字……

销售额：ZARA 2005 年销售额达44. 41 亿欧元，息税前利润7. 12 亿欧元(约72. 89 亿人民币)，中国服装企业前10 强加起来的销售额、利润都还远不如它……

4. ZARA 的“诚意”策略

二流的产品，三流的价格，是ZARA 与顾客建立稳定需求关系的前提和基础；缩短前导时间是服装业的制胜法宝之一，ZARA 不只是卖服装，它卖给顾客的是对流行时尚的承诺，是对顾客追求时尚的责任承担，ZARA 依靠独特的“告诉、少量、多款”销售策略与顾客建立起了稳定而良好的关系；ZARA 几乎不做广告宣传，它的广告成本仅占其销售额的0 ~ 0. 3%，而行业平均水平则是3. 5%，ZARA 公司16. 2% 的利润率远远高于美国第一大服装零售商Gap 公司的10. 9%。

案例来源：

1. 时尚服装品牌Zara 和H&M 为什么成功？中国品牌服装网. http://news. china - ef. com/ 2012 - 2 - 22.

2. Zara 的营销策略. 市场观察，2011 年第11 期.

3. 聂珂. Zara 和H&M 营销策略的比较. 科技经济市场，2007 年第5 期.

讨论：

1. 收集更多的资料和数据，分析 ZARA 的 4S 营销策略。

2. 总结 ZARA 的成功的秘诀。

实验报告一

<table>
<tr><td>实验
名称</td><td colspan="3">认知实验：
基础理论回顾及运用训练</td><td>课程
名称</td><td colspan="3">市场营销综合实训</td></tr>
<tr><td>院(系)</td><td></td><td colspan="2">班　级</td><td colspan="2"></td><td>学　号</td><td></td></tr>
<tr><td>姓　名</td><td></td><td>角色
职位</td><td></td><td>实验
地点</td><td></td><td>实验
日期</td><td></td></tr>
</table>

一、实验要求

1. 实验前认真回顾相关知识点，理论联系实际，学以致用；
2. 明确实验目的及相关要求，确保实验效果；
3. 遵守实验室的相关规定，爱护公物，注意实验室环境卫生；
4. 按时出勤，并按照老师的指引完成相关任务；
5. 做好实验记录，实验结束后完成实验报告。

二、实验内容

三、实验总结

指导教师点评：

成绩：__________　指导教师：__________　日期：__________

实验二　组合实验：产品销售模式训练

☞ 学生知识点准备

一、定义

销售模式指的是把商品通过某种方式或手段，送达至消费者的方式，完成“制造→流转→消费者→售后跟进”这样一个完整的过程。现在大家谈到的“销售模式”，其实是在市场上已经运用成熟的、行之有效的、提炼至一种代表意义的销售框架。这种框架具有完整的体系，可复制、操作性较强。当下市场上运用较多的销售模式分别是直销、代销、经销、网络销售、目录销售、电话销售。严格意义上讲，前面说的几种销售模式只能算是基本框架模式。在现代企业的实际销售模式的采选中，经常是你中有我、我中有你，几种销售模式混合使用。而且，大家能了解到的销售模式也在不断的发展和进步中。企业在选择销售模式的时候，切不可拘泥于一种或几种模式，更不可以照搬别人的成功经验，一定要学习、消化，然后建立适合自己的销售模式。

二、分类

1. 批发模式

特点：通过全国主要大型批发市场的批发商销售货品。

优势：利用批发市场全国销售网点多、辐射面广的特点，将产品在市场上快速铺开，迅速实现资金回笼。

不足：不利于品牌创立、维护与形象提升，对公司长远发展不利。

2. 代理商模式

特点：将全国划分为若干区域，每个区域设立代理商，企业授权代理商全权负责该区域内的产品销售，由代理商发展和管理下属终端商。

优势：节约品牌销售渠道拓展成本和管理成本，发挥代理商的积极性和主动性。

不足：在品牌推广与货品管理上不易控制。

3. 特许加盟模式

特点：以特许经营权为核心，由公司总部直接发展终端加盟商，或由特许区域商发展终端加盟商，按照统一的模式进行销售。

优势：品牌管理标准化、系统更新及时。

不足：对加盟双方的协同要求较高，加盟商的自由度受到很大限制。

4. 直营模式

特点：品牌企业自己选择合适的店铺经营并管理店铺。

优势：较好地体现品牌形象、容易实现垂直管理和精细化营销，市场计划执行力强，能够更准确地掌握市场信息。

不足：初始投资成本较高，终端管理能力要求较高。

5. 团购模式

特点：公司团购营销部分直接与大型企业接洽，签订购销合同。如服装企业与大型企业签订公司司服、职业装定做合同等。

优势：资金回笼稳定快捷，存货周转时间短。

不足：对公司团购营销团队的要求较高。

6. B2C 网络销售模式

特点：利用品牌与互联网开展网上销售。

优势：减少销售环节，节约实际销售成本、信息采集及时、物流管理快捷。

不足：不能发挥实体店购物的优势，相关法律体系不健全、网上交易存在安全隐患。

7. C2C 模式

特点：利用淘宝等 C2C 平台销售的小买家，比较分散，产品一般档次较低。

优势：价格低，容易吸引低端消费者。

不足：规模小，不容易形成明显的产品优势。

8. 直销模式

厂家和消费者之间通过见面会或者推广活动等方式，直接和消费者建立起的关系，比如网络直销、会议营销、电话营销等。

三、渠道合作

1. 定义

渠道合作是指渠道成员为了共同及各自的目标而采取的互利互惠性的行动。渠道成员的合作是创造渠道价值的重要基础。

2. 必要性

传统渠道组织是由各个独立利益的松散型组织运作起来的系统，各个成员是以交易为导向。渠道成员各自有独立的目标和运作方式，根据自身的条件作出决策并付诸实施。如果渠道间各环节常常发生脱节，则渠道的整体竞争力难以形成。如今，激烈的市场竞争使渠道成员逐渐认识到渠道价值链是由各个成员的价值链融合而成的系统，在渠道内协调和共同优化，可降低成本，增强差异化，建立企业整体竞争优势。因此，渠道合作的根源是渠道成员间的相互依赖性。相互依赖性使渠道成员作为分销渠道中的一员行使职能，使职能分工开始专业化、规模化，各成员也分别从中受益，创造出高的整体渠道效益，使整个分销系统长期生存、发展，绩效不断提高。

3. 渠道合作的形式

渠道合作的形式很多，主要有联合促销、联合储运、信息共享、提供专卖产品、联合培训和地区保护等。

(1)联合促销。联合促销主要包括联合广告活动、联合产品展示活动、联合销售活动、联合调研活动、联合担保活动等。另外，在价格竞争十分激烈时，为了让渠道成员更灵活地应对，厂家还常常向渠道成员提供价格补偿。

(2)联合储运。联合储运主要包括制造商和中间商联合加入适时管理(JIT)系统、联合加入电子数据交换系统，厂家或批发商发起或参与对中间商的紧急货运活动，以及厂家帮助批发商和零售商筹措存货资金等。

(3)信息共享。信息共享主要包括制造商、批发商和零售商共同加入电子数据交换系统，方便、快捷地交换信息；制造商和中间商共同发起或加入销售商联合会，增加同行业交流与沟通；渠道成员分享渠道调研成果。

(4)提供专卖产品。提供专卖产品(又称定制产品)是指厂家向自己的渠道成员提供专门为其设计的产品，以应对或减小价格竞争对他们的影响。这是因为专卖产品设计独特，且只在专门指定的范围内销售，使消费者不太容易与类似的产品在价格上进行比较，从而降低价格竞争的效应。

(5)联合培训。联合培训这种形式主要包括批发商和零售商联合加入制造商的销售培训及产品培训项目。例如，一些厂家利用自己的教育基地，如海尔公司利用海尔大学，对中间商的业务骨干进行教育培训。

(6)地区保护。地区保护即厂家特许中间商的地区独家代理权，以防同一地区多家中间商经营同一厂家产品形成恶性竞争。因此，渠道合作会因为这种地区保护政策得到加强。

四、市场交易原则

市场交易原则就是市场交易活动中必须遵循的规则和秩序。市场交易原则主要包括自愿、平等、公平、诚实、信用。它们从不同的方面规范着市场上买卖双方的交易方式和交易行为。

五、招投标

招投标，是招标投标的简称。招标和投标是一种商品交易行为，是交易过程的两个方面。招标投标是一种国际惯例，是商品经济高度发展的产物，是应用技术、经济的方法和市场经济竞争机制的作用，有组织开展的一种择优成交的方式。这种方式是在货物、工程和服务的采购行为中，招标人通过事先公布的采购和要求，吸引众多的投标人按照同等条件进行平等竞争，按照规定程序并组织技术、经济和法律等方面专家对众多的投标人进行综合评审，从中择优选定项目的中标人的行为过程，其实质是以较低的价格获得最优的货物、工程和服务。

六、定价策略

定价策略是市场营销组合中一个十分关键的组成部分。价格通常是影响交易成败的重要因素，同时又是市场营销组合中最难以确定的因素。企业定价的目标是促进销售，以便获取更大利润。这要求企业既要考虑成本的补偿，又要考虑消费者对价格的接受能力，从而使定价策略具有买卖双方双向决策的特征。此外，价格还是市场营销组合中最灵活的因素，它可以对市场作出灵敏的反映。

(一)定价法

1. 成本导向定价法(Cost-driven Pricing)

以产品单位成本为基本依据，再加上预期利润来确定价格的成本导向定价法，是中外企业最常用、最基本的定价方法。成本导向定价法又衍生出了总成本加成定价法、目标收益定价法、边际成本定价法、盈亏平衡定价法等几种具体的定价方法。定价方法包括：

(1)总成本加成定价法。在这种定价方法下，把所有为生产某种产品而发生的耗费均计入成本的范围，计算单位产品的变动成本，合理分摊相应的固定成本，再按一定的目标利润率来决定价格。

(2)目标收益定价法。目标收益定价法又称投资收益率定价法，是根据企业的投资总额、预期销量和投资回收期等因素来确定价格。

(3)边际成本定价法(边际贡献定价法)。边际成本是指每增加或减少单位产品所引起的总成本变化量。由于边际成本与变动成本比较接近，而变动成本的计算更容易一些，所以在定价实务中多用变动成本替代边际成本，而将边际成本定价法称为变动成本定价法。

(4)盈亏平衡定价法。在销量既定的条件下，企业产品的价格必须达到一定的水平才能做到盈亏平衡、收支相抵。既定的销量就称为盈亏平衡点，这种制定价格的方法就称为盈亏平衡定价法。科学地预测销量和已知固定成本、变动成本是盈亏平衡定价的前提。

2. 顾客导向定价法(Customer-driven Pricing)

顾客导向定价法又称需求导向定价法、市场导向定价法，其是指企业根据市场需求状况和消费者的不同反应分别确定产品价格的一种定价方式。顾客导向定价法一般是以该产品的历史价格为基础，具有一定历史价格的依赖性(Past-price Dependence)。顾客导向定价法根据市场需求变化情况，在一定的幅度内变动价格，以致同一商品可以按两种或两种以上价格销售。这种差价可以因顾客的购买能力，对产品的需求情况，产生的型号和式样，以及时间、地点等因素而采用不同的形式。如以产品式样为基础的差别定价，同一产品因花色款式不同而售价不同，但与改变式样所花费的成本并不成比例；以场所为基础的差别定价，虽然成本相同，但具体地点不同，价格也有差别。

3. 竞争导向定价法(Competition-based Pricing)

竞争导向定价法是企业通过研究竞争对手的生产条件、服务状况、价格水平等因素，依据自身的竞争实力，参考成本和供求状况来确定商品价格，以市场上竞争者的类似产品的价格作为本企业产品定价的参照系的一种定价方法。竞争导向定价主要包括随行就市定价法、产品差别定价法和密封投标定价法。

(1)随行就市定价法。在垄断竞争和完全竞争的市场结构条件下，任何一家企业都无法凭借自己的实力在市场上取得绝对的优势，为了避免竞争特别是价格竞争带来的损失，大多数企业都采用随行就市定价法，即将本企业某产品价格保持在市场平均价格水平上，利用这样的价格来获得平均报酬。此外，采用随行就市定价法，企业就不必去全面了解消费者对不同价差的反应，也不会引起价格波动。

(2)产品差别定价法。产品差别定价法是指企业通过不同营销努力，使同种同质的产品在消费者心目中树立起不同的产品形象，进而根据自身特点，选取低于或高于竞争者的价格作为本企业产品价格。因此，产品差别定价法是一种进攻性的定价方法。

(3)密封投标定价法。在国内外，许多大宗商品、原材料、成套设备和建筑工程项目的买卖和承包以及出售小型企业等，往往采用发包人招标、承包人投标的方式来选择承包者，确定最终承包价格。一般来说，招标方只有一个，处于相对垄断地位，而投标方有多个，处于相互竞争地位。标的物的价格由参与投标的各个企业在相互独立的条件下来确定。在买方招标的所有投标者中，报价最低的投标者通常中标，它的报价就是承包价格。这样一种竞争性的定价方法就称密封投标定价法。

(二)定价策略

1. 撇脂定价策略

“撇脂定价法”(Market-skimming Pricing)又称高价法或吸脂定价(Skimming Pricing)，即在产品刚刚进入市场时将价格定位在较高水平(即使价格会限制一部分人的购买)，在竞争者研制出相似的产品以前，尽快地收回投资，并且取得相当的利润。然后随着时间的推移，再逐步降低价格使新产品进入弹性大的市场。一般而言，对于全新产品、受专利保护的产品、需求价格弹性小的产品、流行产品、未来市场形势难以测定的产品等，可以采用撇脂定价策略。

适用条件：

(1)市场有足够的购买者，他们的需求缺乏弹性，即使把价格定得很高，市场需求也不会大量减少。

(2)高价使需求减少，但不致抵消高价所带来的利益。

(3)在高价情况下，仍然独家经营，别无竞争者。高价使人们产生这种产品是高档产品的印象。

2. 渗透定价策略

渗透定价策略(Penetration Price Strategy)，又称薄利多销策略，是指企业在产品上市初期，利用消费者求廉的消费心理，有意将价格定得很低，使新产品以物美价廉的形象，吸引顾客，占领市场，以谋取远期的稳定利润。

适用条件：

(1)市场需求对价格极为敏感，低价会刺激市场需求迅速增长。

(2)企业的生产成本和经营费用会随着生产经营经验的增加而下降。

(3)低价不会引起实际和潜在的竞争。

3. 均匀定价策略

均匀定价(Neutral Pricing)又称“满意”定价。这是一种中价策略，即在新产品刚进入市场的阶段，定价介于高价和低价之间，力求使买卖双方均感满意。均匀定价适用于大量生产、大量销售、市场稳定、需求价格弹性较小的日用工业品和部分生产资料产品。

适用条件：

(1)市场上供求较平衡的产品。这种产品由于供求较平衡，同类产品竞争不是十分激烈，所以价格也较平衡，此时企业使用平价策略能促进销售。

(2)需求弹性不大的产品。如对基本消费品或初级产品，为了树立企业形象，即使在供不应求或独家经营时，也宜实施平价策略。

(3)要稳定占领市场的产品。企业从长远利益出发，对此类产品宜平价销售。

(三)定价策略选择的依据

1. 选择定价策略的前提基础

企业在选择定价策略时，应具备必要的前提基础，采用撇脂定价策略和略有提高的定价策略的企业，必须具备较高的技术能力和先进的技术水平，产品的质量应达到国内较高水平，并得到目标顾客的认同，该类企业多属于资金、技术密集型企业，或知名企业，属知名品牌的产品，其服务的顾客属中、高收入阶层，主要是满足消费者高品质生活及追逐名牌的心理需要。采用竞争价格策略的企业，特别是发动价格战的企业，要有一定的生产规模，一般认为，生产能力达到整个市场容量的10%是一个临界点，达到这一顶点后企业的大幅降价行为就会对整个市场产生震撼性的影响，这一点也是企业形成规模经济的起点；企业运用竞争价格策略时，把握最佳的价格时机是至关重要的因素，如果行业内价格战在所难免，一般应率先下手，首发者较少的降价所取得的效果，跟进者需花较多降价才能取得，但降价的幅度应与商品的需求弹性相适应，需求弹性大的商品，降价的幅度可大些，降价的损失可通过增加销量弥补，而需求弹性较小的商品，降价的幅度要小些，避免企业产品的总利润减少过多；对于规模小、市场份额少、劳动密集型的企业，在有效竞争的市场结构下，通常采取跟进价格策略，主要通过挖掘自身潜力，降低成本，达到增加效益的目的。

2. 根据产品的市场生命周期制定价格策略

产品市场生命周期可分为介绍期、成长期、成熟期和衰退期。介绍期，新产品初涉市场，在技术性能上较老产品有明显优势，而在企业投入上却存在批量小、成本大、宣传费等期间费用高的劣势，该类企业定价决策时要考虑企业自身的竞争实力和新产品科技含量。若新产品具有高品质且不易模仿的特点，则可选择撇脂定价策略，即高价策略，产品打入市场，迅速收回投资成本；若新产品的需求弹性较大，低价可大大增加销售量，则可选择低价薄利多销的价格策略，产品打入市场，迅速占领市场份额，可扩大销售量达到增加利润总额的目的。成长期，产品销量增加，市场竞争加剧，产品的性价比仍然保持优势，企业可根据自身的规模和市场的知名程度选择定价策略，规模大的知名企业可选择略有提高的价格策略，继续获取高额利润，而规模较小的企业则要考虑由于市场进入带来的价格竞争风险，应以实现预期利润为目标，选择目标价格策略。成熟期，市场需求趋于饱和，市场竞争趋于白热化状态，企业面临的是价格战的威胁，该阶段应选择竞争价格策略，即采用降价的方法达到抑制竞争、保持销量的目的。衰退期，产品面临被更优品质、性能的新型产品取代的危险，因而企业选择定价策略的指导思想是尽快销售，避免积压，可选择小幅逐渐降价、平稳过渡的价格策略，同时辅之以非价格手段，如馈赠、奖励等促销方式，最大限度地保护企业利润不受损失；若产品技术更新程度高，则选择一次性大幅降价策略，迅速退出市场，但在运用降价策略时，要注意是否有损于知名品牌的市场形象。

一、实验简介

产品销售是公司实现利润的主要途径，营销活动都是服务于销售，学生掌握销售的多种模式是必须具备的本领。本实验用电话机做完整的产品营销实验，训练学生在系统中以渠道合作、市场交易、招投标三种方式进行产品销售，领会和掌握三种销售模式的区别，并尽力实现产品直接销售利润最大化的组合模式。

为强调销售模式的训练，学生在本实验中的重点是学习和计算渠道合作、市场交易、招投标三种销售模式，并用表格方式统计各种销售模式的利润，最终寻求在三种销售模式的最佳组合下实现直接销售利润最大化。

二、实验目的

1. 掌握渠道合作、市场交易、招投标三种销售模式。
2. 学习计算三种销售模式的直接销售利润。
3. 学习销售决策中的三种销售模式的合理组合。

三、实验安排

1. 实验时间：3 课时。
2. 实验时间可根据实际情况作调整，可调整实验年数，增加或减少实验时间。
3. 实验产品：电话机。

四、实验准备

1. 老师的实验准备

(1)选择产品电话机，实验名称为“产品销售模式的组合训练”。如图 2－1 所示。

图 2－1　教师实验设置示意图

(2)控制实验资金总额为800万。

(3)实验运行3年。

第1年不需要调整系统数据，不导入标书。

第2年不需要调整系统数据，导入系统提供的标书。

标书数量：实验总人数÷3=标书数量。

标书指标：信用等级为A及AAA的各产品档次标书。

标书导入如图2-2所示。

可导入标书列表

按区域查询：全部区域　按产品等级查询：全部档次　按信用等级查询：全部等级　查询

全选　反选　批量导入标书

选择	标题	标书详情	区域	产品档次	信用等级	请选择投标截止日期	请选择付款日期	操作
□	招标公告1	查看	华南地区	低档	AA	2010年	2011年	导入该标书
□	招标公告2	查看	华南地区	低档	AA	2010年	2011年	导入该标书
□	招标	查看	华东地区	中档	AAA	2010年	2011年	导入该标书
□	招标公告3	查看	华东地区	低档	AA	2010年	2011年	导入该标书
□	招标公告26	查看	华南地区	中档	AAA	2010年	2011年	导入该标书
□	招标公告27	查看	华南地区	中档	AAA	2010年	2011年	导入该标书
□	招标公告4	查看	华北地区	低档	AA	2010年	2011年	导入该标书
□	招标公告28	查看	东北地区	中档	AAA	2010年	2011年	导入该标书

图2-2　教师标书导入示意图

第3年不需要调整系统数据，导入系统提供的标书，可以适当增大标书采购数量，如图2-3所示。

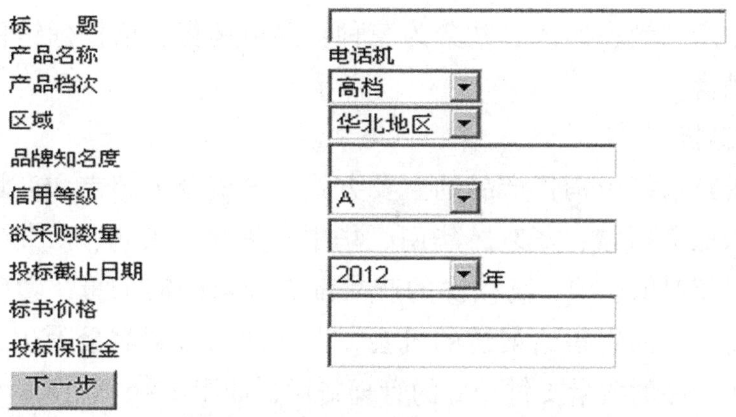

标　题	
产品名称	电话机
产品档次	高档
区域	华北地区
品牌知名度	
信用等级	A
欲采购数量	
投标截止日期	2012年
标书价格	
投标保证金	

下一步

图2-3　教师标书指标设定示意图

标书数量：实验总人数 ÷4 = 标书数量。

标书指标：信用等级为 B，AA 及 AAA 的各产品档次标书。

2. 学生的实验准备

在浏览器栏输入 http://服务器的名称或 IP 地址：8081 回车，进入登录界面，选择实验名称："产品销售模式的组合训练"。

进入实验，注册实验公司，如图 2 -4 所示。

图 2 -4 学生注册实验公司示意图

五、操作讲解

(一)销售模式讲解

在系统中产品销售模式总共分为三种：渠道销售、招投标销售以及在自由交易市场销售。

1. 渠道销售

渠道销售是系统中销售产品的主要方式。渠道分为超市和商场两种。系统将中国分为七大区域：华东、华南、华中、华北、东北、西北、西南，各区域的渠道每年对低、中、高档次的产品都有固定的需求量，学生需要进行竞争才能获得将产品销售给渠道的机会，以达到销售利润最大化。与渠道合作，根据销售产品的数量支付相应的管理费用，如图 2 -5 所示。

由图 2 -5 可看出影响与渠道成功合作的几大因素：市场开拓区域、产品定价、品牌知名度、市场份额、信用等级。

超市渠道	商场渠道	历史合作渠道

合作失败，你的区域定价大于最大进货价格！

华南地区	华中地区	华北地区	华东地区	西南地区	西北地区	东北地区

渠道名称	年销售量	当前可销售量	管理费用	价格要求	品牌要求	信用要求	产品档次	操作
家乐福	18020件	17020件	0.80件/元	≤ 21.00元	≥ 0.1430	≥A	低档	1家 已发送合作意向
WALMART	23100件	22100件	1.10件/元	≤ 20.00元	≥ 0.1400	≥A	低档	申请合作
华润超市	18550件	17550件	1.20件/元	≤ 19.60元	≥ 0.1300	≥A	低档	申请合作
新一家超市	13890件	12890件	0.90件/元	≤ 20.80元	≥ 0.1200	≥A	低档	申请合作
好又多超市	14030件	13030件	1.10件/元	≤ 21.60元	≥ 0.1220	≥A	低档	申请合作
好又多超市	15100件	14100件	0.80件/元	≤ 35.00元	≥ 0.3300	≥A	高档	申请合作
新一家超市	16000件	15000件	1.00件/元	≤ 34.50元	≥ 0.3000	≥A	高档	申请合作

图 2－5　渠道销售示意图

市场开拓区域：学生在与渠道合作前根据销售策略选择一个或多个销售区域进行市场开拓，未开拓区域无法进行后期的营销活动。

产品定价：在系统的定价策略中对该区域的高中低三个档次的产品进行定价。系统给出了相应的参考价位，每年有一次调整价格的机会。定价过高将会失去与部分渠道合作的机会，定价过低将降低销售利润。因此进行定价时需先对渠道进行调查分析，结合利润目标对所有渠道所要求的定价进行计算，确定能实现销售利润最大化的价位，随着市场竞争激烈程度的变化再适当调整价格。

品牌知名度：在广告策略中进行广告宣传以提高品牌知名度。市场对不同档次的产品品牌知名度要求不同，在与渠道合作前根据目标渠道的产品知名度要求制定公司的宣传策略。

市场份额：通过市场开拓和广告宣传可以获得相应的市场份额，在一定市场份额的基础上，可以通过“促销策略”中的“执行促销活动”来提高市场份额。学生在各区域的市场份额为整个实验的总市场份额及当市场份额不够时则无法跟渠道合作。

根据公司目前已有的市场份额及品牌知名度，学生可以通过调查得到目标渠道记录调查表。填写表 2－1 至表 2－3。

学生定价≤最大进货价

学生品牌≥渠道品牌要求

学生信用等级≥渠道信用等级要求

满足以上条件的渠道订单可统计为目标渠道。

表 2 – 1　第一年度目标渠道分析表

姓名：　　　　学号：　　　　公司名称：　　　　　　　　实验年度：1

序号	区域	渠道名称	需求量	最大进货价	品牌要求	产品档次	管理费	信用等级要求
1								
2								
3								
4								
5								
6								
7								
8								
9								
10								
11								
12								
13								
备注	需求量 = 渠道年销售量 ÷ 4 当渠道销售量 <（渠道年销售 ÷ 4）时：需求量 = 渠道销售量							

表 2 –2　第二年度目标渠道分析表

姓名：　　　　　　学号：　　　　　公司名称：　　　　　　　　　　　实验年度：2

序号	区域	渠道名称	需求量	最大进货价	品牌要求	产品档次	管理费	信用等级要求
1								
2								
3								
4								
5								
6								
7								
8								
9								
10								
11								
12								
13								
备注	需求量 = 渠道年销售量 ÷ 4 当渠道销售量 < (渠道年销售 ÷ 4) 时：需求量 = 渠道销售量							

表 2－3　第三年度目标渠道分析表

姓名：　　　　学号：　　　　公司名称：　　　　　　　　实验年度：3

序号	区域	渠道名称	需求量	最大进货价	品牌要求	产品档次	管理费	信用等级要求
1								
2								
3								
4								
5								
6								
7								
8								
9								
10								
11								
12								
13								
备注	需求量＝渠道年销售量÷4 当渠道销售量＜(渠道年销售÷4)时：需求量＝渠道销售量							

渠道销售的详细流程如图2－6所示。

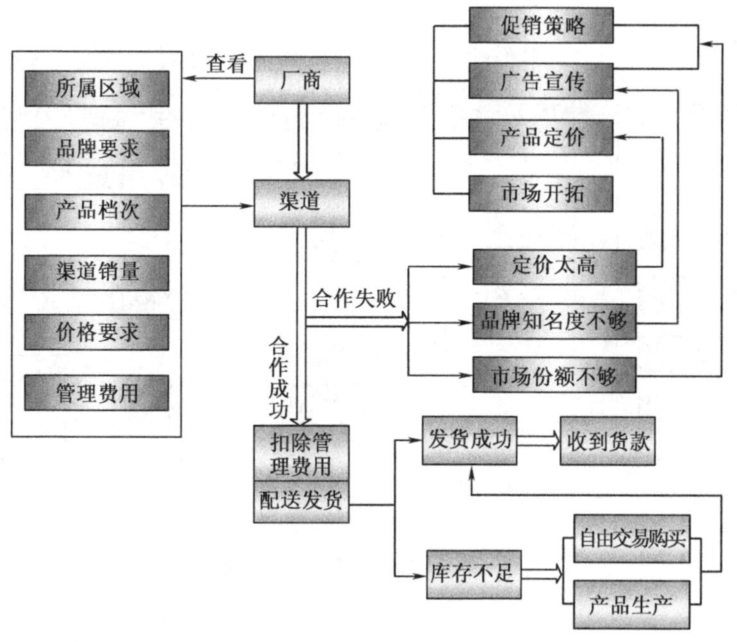

图2－6　渠道销售流程示意图

渠道销售利润率计算方式如下：

$$\text{渠道销售利润率}=\frac{(\text{产品定价}-\text{生产成本}-\text{销售管理费})\times \text{订单量}}{(\text{产品定价}-\text{销售管理费})\times \text{订单量}}\times 100\%$$

2．招投标

每年由老师端发布各区域的采购标书。标书详情主要包括：产品的档次、所属区域、品牌知名度、信用等级、采购数量、投标日期、付款日期、标书价格、投标保证金、违约罚款、履约保证金。学生可以实时关注招标公告，根据学生公司的资金及战略状况选择是否有必要进行投标，如图2－7所示。

由上述招标流程图可以看出，影响招投标的主要因素是：信用等级、品牌知名度以及所在区域。招投标是实现销售的另一种重要方式，虽然其销售的利润大，但由于操作周期长、竞争性强，因此学生在进行投标时需考虑以下几点来确定企业的经营状况是否有能力进行招投标。

(1)了解招标采购的数量，对应企业目前最大的产能是否能够满足标书的要求，一旦中标后无法履标，实验下一年度公司信用等级降低一级，同时也进行相应的违约罚款。

(2)在信用等级、品牌知名度以及市场开拓区域中有任意一个不符合要求

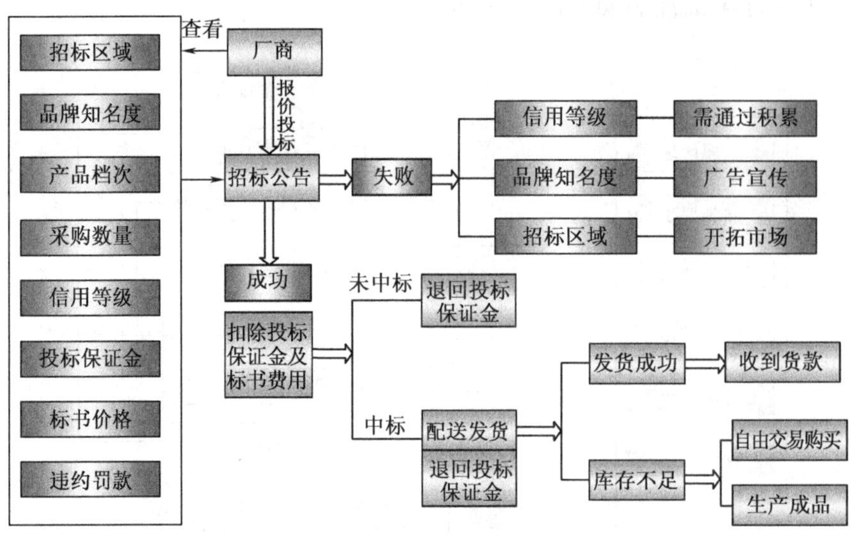

图 2-7　招标销售流程示意图

的情况下，学生都无法参与投标。因为竞争激烈无法确定是否会中标，初期阶段尽量避免为了投标而再去进行开拓和宣传。

(3)了解招标采购的数量，在企业的生产次数已用完的情况下，且不确定是否能从自由交易市场以合适的价格买到相应数量的产品的情况下投标，一旦中标后无法履标产生违约，在降低企业的信用等级的同时也进行相应的违约罚款。

在确定进行投标后需要进行投标报价，系统限制投标价格不能高于成本价格的 10 倍。学生需根据市场的情况进行报价。

老师在后台进行开标，开标前可以口头提示学生。老师可以选择开某个标或者进行批量开标。

系统通过三个方面进行评标，评标百分比在标书发布之前老师可以修改。

评标标准为：品牌知名度、投标价格比值和为 100，如图 2-8 所示。

渠道合作评分标准(品牌指数+价格=100%)	
品牌指数百分比：	30 %
价格百分比：	70 %

图 2-8　渠道合作评分标准示意图

在进行投标报价时，若要减轻实验难度，老师可以公开标书的评分标准，学生再根据企业的品牌知名度、市场开拓度选择合适的价格进行投标，以便学生能达到最大中标可能性同时获得更大的利润。

中标之后销售利润率计算方式如下

$$\text{竞标销售利润率} = \frac{(\text{投标价} - \text{生产成本}) \times \text{订单量} - \text{标书价格}}{\text{投标价} \times \text{订单量}} \times 100\%$$

根据以上情况，学生填写表2－4、表2－5。

表2－4　第二年度投标情况记录表

姓名：	学号：	公司名称：			实验年度：2	
标书名称	采购数量	投标单价	购买标书价格	生产成本	销售利润	是否中标
备注	只计算销售产品的利润					

表 2 –5　第三年度投标情况记录表

姓名：　　　　　　学号：　　　　　公司名称：　　　　　　　　　　实验年度：3

标书名称	采购数量	投标单价	购买标书价格	生产成本	销售利润	是否中标
备注	只计算销售产品的利润					

3. 自由交易市场

在自由交易市场，学生获得订单但没有生产能力的话，可以在交易中心发布采购产品信息；学生有产品但没有订单，可以发布销售产品信息。通过交易平台，学生可以体验在线洽谈及签订买卖合同的过程。学生可以将第三年度自由交易情况记录在表 2 –6。

自由交易销售利润计算方式如下：

自由交易销售利润 =（合同价 - 生产成本）×交易数量

表 2-6 第三年度自由交易情况记录表

姓名： 学号： 公司名称： 实验年度：3

序号	公司名称	交易数量	产品档次	交易价格	生产成本	销售利润
1						
2						
3						
4						
5						
6						
7						
8						
9						
10						
11						
12						
备注	只计算销售产品的利润					

（二）销售模式的比较分析

通过对三种销售模式的讲解，现对三种销售模式进行对比分析。

渠道销售：由于风险低、资金周转快、能最快地体现销售额且竞争力相对适中，是学生最初进入市场最佳的销售模式。而且渠道的需求量相对稳定，初期可以在渠道销售中积累经验和资本。

招投标：招投标实现的销售利润高，但竞争力最强。学生在具备了一定实力的情况下可以进行招投标，以用于提高销售利润和体现企业实力。招投标产生的销量不占用市场份额。

自由交易市场：自由交易市场是没有竞争和风险的辅助性销售模式，不占用市场份额，且不会产生其他的销售费用。用于在学生与学生之间进行互动交易，对品牌、区域等都没有限制。主要作用是为学生经营的公司之间解决库存积压以及资金的周转等问题。通常出现以下几种情况可通过自由交易市场解决：

(1)在生产次数已用完，并且库存不足的情况下，可通过自由市场以相对适中的价格购买产品后再去销售给渠道或进行履标。

(2)当企业生产过多，造成库存积压，需要资金周转时，可在自由交易市场将产品卖给有需要的厂家，以解决资金周转问题。

(3)在中标过程中，需要高档次的产品进行履标时，而本身投入大量资金进行研发时可在自由交易中购买其他公司的高档次的产品进行履标。

(4)由于企业前期的市场开拓以及研发投入过多导致资金紧缺时，可通过自由交易市场购买其他公司的产品进行销售。

六、学生操作

第一步：实验登录。学生注册用户名登录操作界面。选择实验——销售模式组合训练，并注册自己的公司确定产品名称。

第二步：进入渠道策略了解各个区域市场对各档次手机的需求量以及对品牌知名度和价格的要求，确定目标市场需求，根据实验记录表格进行实验数据的记录。

第三步：确定目标市场进行市场开拓，根据销售目标需求，制定产品研发和技术购买策略，合理安排生产排期，确定各档次产品包装。

第四步：根据各区域渠道接受产品价格的区间合理定价，一年有一次调价机会；对目标区域进行宣传策略布局，先设计各种媒体方式的广告内容，根据资金预算和渠道需求的品牌知名度合理进行广告的投放。

第五步：查看即时数据，了解公司区域品牌知名度、市场开拓度、市场份额数等经营情况，对产品策略、价格策略、宣传策略合理调整，若要提高市场份额数量，学生可以实施促销活动以提高市场份额、增加区域实际销售能力，如图 2－9 所示。

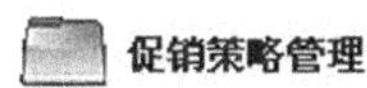

促销策略管理

☑全选　↺反选　增加　✕删除

找到4条记录,显示 1到 4　　10

序号	方案名称	促销费用	市场占有率增长比率(%)	说明	修改	选择
1	礼品赠送	¥20000.00	4.0	对该区域所有销售产品赠送礼品。		☐
2	抽奖策略	¥30000.00	5.0	按照1%的中奖比例中奖。		☐
3	买一送一	¥50000.00	7.0	买一送一小礼品。		☐
4	捆绑销售	¥88000.00	10.0	与同类附件产品捆绑销售。		☐

图 2－9　促销策略管理示意图

第六步：第 1 年只有渠道一种销售机会。渠道销售量为目前可以销售的数量，渠道年销售量为：本渠道每年销售总量，每次学生的合作数量为渠道年销售量的四分之一。只要渠道销售量不为 0，学生区域市场可销售数量大于渠道招标数量，学生每年可以对同一渠道提出多次合作意向。

第七步：第 2 年合理安排渠道销售之外还要参加投标。学生要分析标书是否属于开拓区域、信用等级要求、品牌知名度要求、采购产品档次、标书费用、履约金等信息，确定是否重新开拓市场参加投标，制定投标的价格策略。

第八步：第 3 年增加了交易中心的销售途径。学生可以发布买卖产品信息，可以将厂商身份转换为经销商；也可作为长期供应商，不作过多的前期投入，不抢渠道订单和标书，将资金全部投入生产，等待其他学生的采购订单。

第九步：根据配送发货的订单数量，在产品策略中进行产品生产排期。学生每年有 10 次生产机会，每次生产需要一定的时间，在有限的实验时间和生产资金的情况下，学生进行合理的生产排期并生产，发货成功系统自动收到销售货款。

第十步：通过实验记录表格对三种销售模式实现的利润情况进行统计分析。

七、分析能力训练

1. 比较分析三种销售模式的销售利润率。

2. 怎么合理组合三种销售模式?

八、案例学习一

麦当劳的特许加盟和连锁经营模式

麦当劳公司成立于1955年，它的前身是麦当劳兄弟1937年在美国的加利福尼亚州开设的一家汽车餐厅。1948年，兄弟俩对餐厅业务进行了大胆的改革，压缩了食品的品种，引进了自助式服务方式，把厨房操作改为流水线作业，加快了食品的产出速度，适应了人们生活节奏加快的需要，顾客对此很满意。

为了使生意做得更大，麦当劳兄弟产生了以特许加盟的方式经营连锁店的想法，并作出了尝试。1953年，一个名叫尼尔·福克斯的人向麦当劳兄弟付了1 000美元，取得了特许经营权。接着麦当劳兄弟又先后批准了十几家特许加盟店。这些特许加盟店没有义务遵循麦当劳的经营管理制度，结果使麦当劳的形象和声誉受到损害。

1954年，雷·克罗克看到了麦当劳特许加盟和连锁经营的发展前景，经过一番努力，他得到麦当劳兄弟的授权，处理麦当劳特许经营权的转让事宜。1961年，雷·克罗克买下了麦当劳公司的所有权，并且大刀阔斧地改进了特许加盟和连锁经营制度，使麦当劳得到迅速发展。在雷·克罗克的领导下，麦当劳的特许加盟和连锁经营制度具有以下特点：

1. 严格挑选加盟商

一个商家要加盟麦当劳，首先必须向麦当劳总部提出申请，总部对其资信状况、经营管理能力、资金能力审查合格后，双方协商一致，才能签订加盟合同。由于麦当劳这一国际名牌意味着不尽的财源，很多商家提出加盟申请，但实际上总是失望者众多，麦当劳苛刻的加盟条件使许多人难以望其项背。在部分国家，申请人需要具备在麦当劳工作10年以上的经历，才有资格申请加盟。1999年，麦当劳在台湾上万个申请人中，只选择了3人加盟。麦当劳之所以如此严格地挑选加盟商，主要是因为任何一家加盟商的经营失败，都会影响到麦当劳整体企业形象。

2. 统一加盟条件

麦当劳规定，加盟商至少要拥有自有资金10万美元到17.5万美元，一旦与公司签订合同，必须先付首期特许费4.5万美元，此后每月交一笔特许权使用费和房产租金，前者约为月销售额的4%，后者约为8.5%。麦当劳每开一家分店，总部都要派员选择地址，组织建筑和内外装潢。麦当劳公司通常拥有加盟店房产的所有权或使用权，然后转租给加盟商，收取房产租金，房租在麦当劳的收入中占有很大比例。麦当劳与加盟商签订的合同有效期为20年，公司对加盟商负有以下责任：将麦当劳的企业名称和商标使用权、产品制造技术、经营管理诀窍等，授予加盟商在规定的时间和规定的地区内使用；在公司的汉堡包大学为加盟店培训员工；提供管理咨询，负责广告宣传，向加盟店供货时提供优惠。但是，麦当劳公司不是直接向特许加盟店提供餐具、食品和原料，而是与专业供应商签订合同，再由专业供应商向各个加盟店供货。麦当劳要求加盟店必须严格遵守公司制定的管理制度，接受公司的指导和监督。总部每月都要派督察团到各地加盟店巡视，并把督察结果向总部汇报，对不合标准的加盟店，强制其改变经营面貌。

3. 统一企业名称、标识

所有的加盟店都以“麦当劳”命名，企业的标志是“金色拱门”，它是一个弧形的“M”字母，以黄色为标准色。这种特有的金黄色双拱门商标在大街上非常引人注目，使人产生想走进店内看一看的渴望。每一家快餐店的门口都有一个象征性的人物偶像——“麦当劳叔叔”，它是传统马戏小丑的打扮，是风趣、友谊、祥和的象征。在美国，“麦当劳叔叔”在儿童中的认知度达到了96%，仅次于圣诞老人。麦当劳统一、独特的企业标志，不但增强了产品的吸引力，而且节省了促销费用，提升了企业形象。

4. 统一的广告宣传

在麦当劳创立初期，广告宣传是由各加盟店自己进行的。随着企业的成长，有必要进行统一的广告宣传，这样才能把巨额的广告成本分摊到众多的商店和巨大的销售量上。1967年，麦当劳的加盟商设立了全国广告基金，作为全国性广告宣传费用。1968年，这个基金收到了300万美元并用于电视广告，1985年则收到了1.8亿美元。现在麦当劳的年度广告支出达到10亿美元，但分摊到28 000多家分店和400多亿美元的销售额上，广告费用的负担并不重。

5. 统一产品质量

麦当劳对食品质量要求极高，并且要求做到标准化。面包不圆或切口不平都不能销售；奶浆接货温度要在4 ℃以下，高1 ℃就退货；用机器切的牛肉饼每个重47.32克，直径98.5毫米，厚度为5.65毫米，肉中不能掺进任何一点心、肺等下水料，脂肪不能超过11%，并要经过40多项质量控制检查；任何原料都有保存期，生菜从冷藏库拿到配料台上只有2个小时的保鲜期，过时就报废。生产过程采用电脑控制和标准操作，制作好的成品和时间牌一起放到成品保温槽中；炸薯条超过了7分钟、汉堡包超过10分钟就扔掉，用这些硬性的操作规范来保证产品的质量，正因为如此，麦当劳才赢得了众多的消费者和回头客。

6. 统一服务规范

麦当劳的服务包括餐厅建筑的快适感，营业时间的方便性和销售人员的服务态度等。顾客走进任何地方的任何一家麦当劳餐厅，都会感到这里的建筑外观、内部陈设、食品规格、服务员的言谈举止和衣着服饰等诸多方面惊人地相似，都能给顾客以同样标准的享受。微笑是麦当劳的特色，所有的店员都须面露微笑，活泼开朗地与顾客交谈、做事。全体员工实行快捷、准确、友善的服务，排队不超过2分钟，顾客点完所要食品后，服务员要在1分钟内将食品送到顾客手中。麦当劳的员工不允许与顾客发生口角，否则不论情节轻重和是非曲直，一律辞退。后堂和前店的职工在穿着打扮上有严格要求，男的不允许留长发，女的要戴发网，不准浓妆艳抹。为了保证店堂清洁，公司总裁甚至身体力行，亲自去餐厅做清洁。在麦当劳的员工规范中，有一项条文是"与其靠墙休息，不如起身打扫"。所有的餐盘、机器在打烊后必须彻底清洗、消毒，地板要刷洗干净，餐厅门前也要保持清洁。在这样的餐厅进餐，客人享受到的不仅仅是高质量的食品和服务，还有干净清新的环境，心情自然愉快。这样，顾客不但自己会常去，还会介绍亲朋好友、熟人同事前往，销售额自然会不断增长。

7. 统一作业程序

麦当劳的员工"小到洗手有程序，大到管理有手册"。员工上岗操作前必须严格用杀菌洗手液消毒，规定两手揉搓至少20秒钟再冲洗，然后用烘干机将手烘干；如果接触了头发、衣服等东西，就要重新洗手消毒。麦当劳的营运手册详细说明了餐厅各项工作的操作程序和方法，并且在实践中不断丰富和完善。营运手册把餐厅工作分为20多个段，详细说明各工作段事先应准备的项目、操作步骤、岗位职责。员工进入麦当劳后将逐步学习各工作段，表现突出的员工会晋升为训练员，训练员表现好可以进入管理组。所有的经理都是从员工做起，必须高标准地掌握基本岗位操作并通过岗位工作检查。

8. 一对一的员工培训

麦当劳总部开办了“汉堡包大学”，专门培训各分店经理和专业技术人员。学习内容包括食品烹调、机械维修、原料配备、质量管理、存货控制、会计、广告、公共关系、人事管理等各个方面。汉堡包大学目前已培养出几万名毕业生，他们已成为麦当劳各加盟店的管理人员或业务骨干。另外在实际工作中，高一级的经理还要对下一级的经理或员工实行一对一的训练，训练合格后，才有可能获得晋升。

案例来源：

马绝尘. 麦当劳的特许加盟和连锁经营模式. 西部大开发，2004 年第 7 期.

讨论：

1. 麦当劳公司如何实现全球开店?

2. 麦当劳的特许加盟和连锁经营模式对于哪些行业的企业具有模仿价值?

九、案例学习二

代理商营销模式

深圳柏纷化妆品有限公司成立于1994年6月。公司成立之初，针对国内相关产品档次较低而国外有关产品使用程序烦锁的状况，敏感地意识到，只有保证产品确有功效并符合现代人对化妆品提出的特殊要求，才能在市场上占有一席之地。独特的产品不但是柏纷的销售主体，而且还带动了配套产品的销售。1994—1996年可以算是柏纷发展的前期，而1996年后，柏纷便进入了较快的发展历程。到1998年6月，销售额更是以每月30%的速度增长。这些成绩与柏纷在业内率先推出的许多新概念产品不无关系。例如，柏纷祛斑嫩白套装，分祛斑嫩白素和嫩白修护露两部分，为保证其效果的稳定性和防止氧化，一改当时祛斑产品普遍采用的膏体灌装，而采用胶囊装嫩白素、用瓶装修护露的隔离分装、配合使用的方式，增强了产品的活性浓度，这很快引起经销商的关注并被消费者认可。到1998年12月底，该套装在深圳的销售成绩就已超过吸黑头面膜。事实证明，这种“先知先觉”是可行、有效的。到目前，柏纷在全国已拥有400多个销售网络，对公司的发展起到至关重要的作用。

化妆品市场不断的变化决定了每个时期都有不同的市场特点及营销结构。以前，由于受经营规模和市场需求的制约，柏纷采用批发与代理并行的经营模式，到1998年，柏纷在全国就有了40多家代理，500多个专柜。但随着市场的变化，批发开始制约代理的发展。特别是东北地区，是柏纷较早开发的“根据地”，由于受批发影响，代理已停止经营。对此，柏纷充分认识到批发与终端销售冲突的利害关系，从2000年开始，逐步放弃批发，到2007年，完全切断批发，实行唯一代理制，保护经销商的长期利益。

与代理的合作实际为一种联合经营，必须充分发挥各自的优势。在合作中，柏纷尊重代理的营销模式，不干涉代理的操作，并且为代理提供其在湖南、广东两地的成功营销经验。在化妆品行业内颇有名气的杭州芳源公司在江浙地区销售柏纷产品已有5年，业绩一直不错；而成都的海昕公司，自1997年营销柏纷产品以来，在四川省内建立了完善的销售网络及良好的终端形象，使柏纷成为地区知名品牌。

从1999年6月开始，柏纷给予一批较成熟的代理商每月20%的铺货，用于网点及专柜的建设，通过货量的支持更好地疏通经销通道，帮助代理商把基础分销渠道建设好，以期能改善原来因资金压力大而导致的代理后劲不足的问题，达到了“增长—铺货—再增长—再铺货”的良性循环。同时，帮助代理商培训营业员、促销员。由于在与各地区代理的合作中，柏纷主动提出八大主张，更承担了部分责任和风险，使各地区代理更大程度地发挥了自身优势：

(1)高科技支持开发有独特卖点的产品，让经销商永不失望。

(2)手续齐全，确保顺利上市和放心经营。

(3)优良的品质保证和完善的售后服务体系。

(4)促销方案不断推陈出新，配套设施齐全。

(5)摸索适宜自身品牌的营销模式，加强各地区业务指导。

(6)深入代理市场，协助开发销售网络和终端管理。

(7)加强终端形象建设。

(8)确保代理及下属分销商的丰厚利润。

在柏纷市场部，有这样一个口号：“代理赚钱，公司才能赚钱”。柏纷发展代理的最大特点为超大的利润空间，代理有充分的市场操作权。由于各项终端营销费用节节上升，为顺应市场发展，柏纷增大各级代理及经销商的利润。例如，彩妆的代理利润达70%～75%，其他产品的利润达60%～65%。超大的利润激起代理及下属分销商经营的热情，也推动了企业的发展。

柏纷采用多元化的经营模式，不以单一的代理制或办事处形式经营。在广东和湖南地区设立经营部，其他外省地区与各级代理合作。在湖南和广东地区，局部地区与二级代理合作，其他周边地区直接经营。以长沙为经营中心，开发湖南、湖北、江西周边二、三级市场；以深圳为经营中心，开发广东、广西、福建周边的二、三级市场，取得了很大的突破。现柏纷公司有自管的业务人员达30人，拥有销售网络达400多个，对公司的发展起到至关重要的作用。

(1)信息快捷：快捷准确地掌握信息，适时作出反应。

(2)网络稳固：稳固的销售网络，保证公司稳健发展。

(3)人才储备：储备优秀的营销人员，协助代理工作。

(4)摸索营销模式：摸索成功的适宜柏纷发展的营销模式，向代理市场推广。

随着中国化妆品市场竞争的日益激烈化，随着专柜经营的风险化，直接决定了化妆品企业的利益化，而这一切，最终决定了必须与消费者进行更好的沟通，将“请消费者注意”的旧有营销模式转变为更合理的“请注意消费者”的现代化营销模式。于是，柏纷引进了“整合营销传播”模式(IMC)，即首先从品牌形象上进行整合，对外形象严格保持一致，以最集中的视觉冲击力，使柏纷品牌在消费者心中留下鲜明的印象；其次，创办售后服务中心，顾客免费皮肤测试、皮肤护理等贴心服务。使消费者对产品有全方位的接触与了解。目前，在全国市场已有柏纷专业护肤中心近50家，使柏纷拥有大量的稳定的消费群体，为柏纷将来的稳定长远发展奠定了良好的基础。同时，柏纷也充分考虑到各代理地区经济发展水平的不同和消费者层次的不同，在推出中高档产品的同时，又保留了一部分消费者乐于接受的中低档价位的产品，使得柏纷能在大、中、小城市保持良好的销售态势。

案例来源：

深圳柏纷化妆品营销案例. 中国行业研究网，http://www.chinairn.com/ 2007-1-13.

讨论：

1. 从创办开始，深圳柏纷化妆品有限公司的营销模式发生了哪些变化?

2. 代理商营销模式具有哪些优点，是否具有进一步改进的空间？

十、案例学习三

订阅销售

类似于报纸杂志的订阅，订阅销售网站采用会员制度，用户在预先支付一定的费用后，可按月获得精美礼盒，里面装的是网站工作人员为用户精挑细选的商品。目前，采用该模式的电商网站已经覆盖包括化妆品、美食、服饰、母婴用品等多个细分行业，国内也有新创企业试水此商业模式，其特点包括以下几个方面。

省时便利服务：提供日常消耗量大的生活必需品，如母婴用品、袜子、内衣、宠物食品等，为用户节省大量时间。

体验消费：提供化妆品、美食等，用户只需花笔小钱即可体验到平时因为价格、空间等因素而接触不到的商品。

个性定制：多提供服装、鞋子、配饰等，会对用户的体型、颜色偏好、穿衣风格等作深入调查，并结合当下流行趋势，由专业工作人员精心选择搭配礼品。

送礼服务：采用此类网站提供的各种彰显生活品质、社会地位的商品，其礼盒包装精美，商品独特，最适合用来送礼。

前景：虽然美国科技媒体 SAI 曾声称创业者应该远离销售订阅模型，但是各细分行业的 Birchbox 还是如雨后春笋般不断冒出，同时该模式在礼品行业的应用也被看好。

个性化点评：无论个人还是商家都喜欢先收钱后办事。订阅模式是典型的先收钱后享受服务的模式，这不仅消除了应收账款的风险，更有利于增加企业现金流，让企业有足够的资金扩大经营规模。

除了这一直观的好处，订阅模式还有一个特点：用户的锁定。订阅具备一定的频率和消费周期，这就很容易培养顾客定期消费的习惯，企业将与客户建立长期的交易关系，有交易就有沟通，此时，还可以深入研究顾客的消费行为，然后通过交叉销售、向上销售，抢占客户更大的钱包份额。先把钱给了你，你提前占用客户关系，还会持续向客户卖更多产品或服务，这事相当靠谱。

同类型企业包括：

Citrus Lane：基于母婴用品的订阅服务，礼盒售价每月 25 美金，全年 250 美金。网站：www. citruslane. com

Larderbox：旨在集天下美食的订阅服务，礼盒售价每月 19.95 英镑，半年 99 英镑。网站：www.thelarderbox.com

Glamabox：美妆试用网站，创始人为吴彦祖老婆。礼盒售价每月 10 美元，全年 110 美金。网站：www.glamabox.com

Manpacks：男士内衣裤的订购直送服务，每 3 个月邮寄一次，价格为 33 美元。网站：www.manpacks.com

Hoseanna：像订杂志一样订购丝袜，送货的频率由用户自选。网站：www.hoseanna.com

Barkbox：为宠物狗打造的精美礼盒，每月 25 美金，其中的 3 美元会被捐助到救助机构。网站：www.barkbox.com

H. Bloom：直接与种植户合作，以市场价 3 折优惠提供鲜花预订，提供按周、月，或者两月的周期固定送货。服务对象为周期性对鲜花有需求的客户。网站：www.hbloom.com

盒颜悦色：中国版 Birchbox，每月 50 元订购装有 4 ~6 件高级化妆品试用装的盒子。网站：www.myluxbox.com

案例来源：

全球 B2C 电商网站创新模式研究．ZOL 科技频道，http://news.zol.com.cn/tech/.

讨论：

1．订阅销售网站顾客群体的总体特征是什么？

2．寻找1～2家中国国内订阅销售网站，分析他们的特点并给出营销建议。

十一、案例学习四

亚马逊电子商务模式分析

b2c是英文business-to-consumer(商家对客户)的缩写，而其中文简称为“商对客”。“商对客”是电子商务的一种模式，也就是通常说的商业零售，直接面向消费者销售产品和服务。这种形式的电子商务一般以网络零售业为主，主要借助于互联网开展在线销售活动。

从十年前，第一批中国b2c企业的诞生算起，b2c在中国已走过了十个年头。相对于传统企业的分销渠道而言，除了传统的直销、代理、分销等销售渠道模式，网络分销渠道已经广泛受到传统企业的高度重视。随着传统渠道竞争的白炽化、网上购物环境的成熟、网上购物市场规模的飞速增长，一面是传统渠道竞争的压力，另一面是新兴渠道广阔市场前景诱惑，网络分销渠道已经成为众多传统企业整体营销渠道战略部署中的一粒重要的棋子，而不少企业已经从网络分销渠道中获得极大的收益。

1．亚马逊b2c全新电子商务模式的特点与优势

b2c全新模式依托可靠的支付体系及诚信大社区，把电子商务真正还给企业和商人，把利润还给制造商，从而提升企业活力和创造力，最终让更为庞大的消费群体获利。全新b2c赢利模式也不同于传统b2c模式，不是在于压低生产商的价格，进而在采购价与销售价之间赚取差价，而是帮助商家直接充当卖方角色，把商家直接推到与消费者面对面的前台，让生产商获得更多利润，将更多的资金投入到技术和产品创新上，最终让最广大的消费者获利。

2．亚马逊b2c全新电子商务模式所产生的积极作用

这种全新的b2c模式不仅给商家和企业带来了巨大利润，给消费者带来了实惠，更是为电子商务指明了一条发展道路。这种模式更适合网络虚拟平台，较好地解决了电子商务中存在的一些问题，加快了电子商务在国内的发展。随着全新b2c模式的推广，电子商务被越来越多的商家和消费者认可，越来越多的人开始尝试这种新的商务模式，并在逐渐适应这种模式。可以预测，电子商务将会有巨大的商业前景和市场。

3．寻求新的电子商务模式及其物流实现形式

加强现代电子商务和物流理论的研究，吸收国外先进的思想、理论和技

术。我们可以吸取别国物流管理研究的成果，向电子商务物流发达的国家学习，鼓励理论界研究电子商务物流中的难题，少走弯路，尽量走捷径，加快我国电子商务物流发展的步伐。再者，积极发展网络化、社会化的物流服务体系。从全球经济发展的趋势和为客户提供更完善服务的角度看，对物流服务的网络化、社会化要求越来越强烈。物流企业应重视物流网络的发展，促进物流企业的联合，发展物流企业间的业务联盟。

经过了网络泡沫的洗礼，亚马逊已经成熟起来了，前进的脚步愈加稳健了。到目前为止，亚马逊历史上的两次盈利虽不足以说明它能在短期内摆脱沉重的债务负担，变亏损为盈利。但我们却能看到亚马逊的用户越来越多，服务越来越全面，服务质量越来越好，顾客忠诚度越来越高。亚马逊的一些长期战略，如"伙伴计划"已初见成效，而且海外市场潜力巨大。这一切说明亚马逊正走向一个良性发展的轨道。一旦它从"烧钱"阶段进入"造钱"时代，那时展现在世人面前的将是一个强大的亚马逊网络虚拟帝国，亚马逊模式也为中国的电子商务发展指明了方向。它的经营理念、经营模式以及营销策略都能为我国电子商务发展提供宝贵的经验。

案例来源：

亚马逊的电子商务模式分析. 电子商务研究中心，http://www.100ec.cn/2011-08-01.

讨论：

1. 亚马逊 b2c 全新电子商务模式的特点与优势是什么？

2．亚马逊的盈利是否可以说明 b2c 业务已经成功，为什么？

实验报告二

<table>
<tr><td>实验
名称</td><td colspan="3">组合实验：
产品销售模式训练</td><td>课程
名称</td><td colspan="3">市场营销综合实训</td></tr>
<tr><td>院(系)</td><td></td><td colspan="2">班　级</td><td colspan="2"></td><td>学　号</td><td></td></tr>
<tr><td>姓　名</td><td></td><td>角色
职位</td><td></td><td>实验
地点</td><td></td><td>实验
日期</td><td></td></tr>
</table>

一、实验要求

1. 实验前认真回顾相关知识点，理论联系实际，学以致用；
2. 明确实验目的及相关要求，确保实验效果；
3. 遵守实验室的相关规定，爱护公物，注意实验室环境卫生；
4. 按时出勤，并按照老师的指引完成相关任务；
5. 做好实验记录，实验结束后完成实验报告。

二、实验内容

三、实验总结

指导教师点评：

成绩：__________　指导教师：____________　日期：__________

实验三　测算实验：市场投入与产品销售训练

☞ 学生知识点准备

一、相关概念

1. 销售量(Total Sales)

销售量是指在一定时期一定范围内，企业营销团队通过各种渠道销售给最终顾客的产品总量。这是我们可以量化的 KPI(关键绩效指标)之一。从发展的角度来分析销售量的评价指标，除了对绝对量的分析，还应有对相对量的计量，即对环比及同比的增长率的综合分析。

2. 市场份额(Market Shares)

市场份额是指一个企业的销售量(或销售额)在市场同类产品中所占的比重，直接反映企业所提供的商品和劳务对消费者和用户的满足程度，表明企业的商品在市场上所处的地位。市场份额是企业的产品在市场上所占份额，也就是企业对市场的控制能力。市场份额越高，表明企业的经营、竞争能力越强。企业市场份额的不断扩大，可以使企业获得某种形式的垄断，这种垄断既能带来垄断利润又能保持一定的竞争优势。市场份额是一个以竞争为导向的企业关注的重要指标。但在实际操作过程中，市场份额统计数据容易受到客观因素的影响而存在失真现象。采取对典型市场、重要卖场的抽样，进行相对市场份额分析不失为一种可行方法。

3. 利润率(Profit Ratio)

利润率是剩余价值与全部预付资本的比率，是剩余价值率的转化形式。利润率反映企业一定时期的利润水平，既可考核企业利润计划的完成情况，又可比较各企业之间和不同时期的经营管理水平，是衡量公司良性营销的主要指标。利润是企业发展的源泉，没有利润的营销不能称为营销。价格战是降低短期利润率的最大因素，它常常是一把双刃剑，在斩获市场份额的同时牺牲了利润率。但从反方向考虑，把价格战作为战术而不是战略来运用，同样能够给企业创造利润。

4. 品牌知名度与品牌力(Brand Awareness and Brand Power)

品牌知名度是指潜在购买者认识到或记起某一品牌是某类产品的能力，它涉及产品类别与品牌的联系。

品牌力是渠道经营主轴。品牌力是知名度、美誉度和诚信度的有机统一，是指消费者对某个品牌形成的概念对其购买决策的影响程度，品牌力基本上是由品牌商品、品牌文化、品牌传播和品牌延伸这四要素在消费者心智中协同作用而形成的。

一个品牌要在竞争中脱颖而出，在消费者的心智中占有一席之地，就要使品牌的商品有强大的商品力，树立有助于强化品牌个性的品牌文化，实施有效的品牌传播，进行正确的品牌延伸。

5. 研发(Research and Development)

研发是指各种研究机构、企业为获得科学技术(不包括人文、社会科学)新知识，创造性运用科学技术新知识，或实质性改进技术、产品和服务而持续进行的具有明确目标的系统活动。

6. 资本收益最大化

资本收益最大化是企业财务管理的最终目标。所谓资本收益最大化是指企业利润总额和全部资本之比最大，它反映了资本投入与产出之间的比例关系。这里所说的资本收益最大化是一种长期的、稳定的、真实的和不损害社会利益的资本收益，也就是体现“科学发展观”的资本收益。

7. 资本利润率最大化

伴随着西方股份制企业充分发展，资本市场的逐渐完善，20 世纪 60 年代，财务管理目标逐渐发展为资本利润率最大化。资本利润率最大化又称每股利润最大化或每股收益最大化，是指将企业实现的利润与投入的资本或股本进行对比，可以在不同资本规模的企业或期间进行对比，揭示其盈利水平的差异。这种观点认为：应该把企业利润与投入的资本相联系，用资本利润率(每股利润)概括企业财务管理目标。

8. 资本利润率最大化的评价

将企业实现的利润与投入的资本或股本进行对比，可以在不同资本规模的企业或同一企业不同期间进行比较，揭示其盈利水平的差异。但是这种观点仍然存在两个问题：一是没有考虑资金的时间价值；二是没有考虑风险问题，也不能避免企业的短期行为。

二、市场营销职能

按照现代市场营销环境的要求，现代市场营销职能体系应当包括商品销售、市场调查研究、生产与供应、创造市场要求和协调平衡公共关系五大职能。

1．商品销售

商品销售对于企业和社会来说，具有两种基本功能，一是将企业生产的商品推向消费领域；二是从消费者那里获得货币，以便对商品生产中的劳动消耗予以补偿。企业是为了提高人们的生活水平而采用先进生产组织方式进行社会化生产的产物。在资源短缺的现实经济中，它通过在一定程度上实现资源集中和生产专业化，通过利用规模经济规律来提高生产效率，创造和传播新的生活标准。商品销售是生产效率提高的最终完成环节，即通过这个环节把企业生产的产品转移到消费者手上，满足其生活需要。在另一方面，社会选择市场和商品交换方式，在企业转让产品给消费者的同时，让企业获得货币，是因为社会需要保持企业生产经营的连续，以便更多地获得提高生产效率的好处。通过商品销售，让商品变为货币，社会可以为企业补充和追加生产要素，使企业获得生存和发展的条件。

商品销售十分重要，企业需要尽最大努力来加强这一职能。其具体的活动包括：寻找和识别潜在顾客，接触与传递商品交换意向信息，谈判，签订合同，交货和收款，提供销售服务。然而，进行商品销售是有条件的。要顺利进行商品交换的有关条件包括：(1)至少有两个主体，他们分别拥有在自己看来是价值相对较低、但在对方看来具有更高价值的有价物(商品、服务的货币)，并且愿意用自己所拥有之物来换取对方所拥有的有价物；(2)他们彼此了解对方所拥有的商品的质量和生产成本；(3)他们相互之间可以有效地进行意见沟通，例如洽谈买卖条件，达成合同；(4)交易发生后他们都能如意地消费和享受所得之物。但是常常发现，这些条件不是处处成立的，因此企业经常会面临销售困难的局面。为了有效地组织商品销售，将企业生产的商品更多地销售出去，营销部门就不能仅仅只做销售工作，还必须进行市场调查研究、组织整体营销、开发市场需求等活动，而且要等到后面这些工作取得一定效果以后，才进行商品销售。

2．市场调查与研究

企业销售商品的必要外部条件之一是该商品存在着市场需求。人们把具备这个条件的商品称为是适销对路的。只有存在市场需求，商品才能销售出去。某种商品的市场需求，是指一定范围的所有潜在顾客在一定时间内对于该商品有购买力的欲购数量。如果某种商品的市场需求确实存在，而且企业知道需要的顾客是谁，在哪里，就可以顺利地进行商品销售。

由于生产分工和商品生产本身在不断地创造着市场需求，因此，笼统地讲，潜在市场需求总是存在的。问题在于人们现实需要的商品是不是市场上供应的商品。经常存在的商品销售困难的根源在于市场上供应的商品不是人们现实需要的商品，或者说，市场上的商品与人们的现实需要(期望)之间存在着差异。这个问题一方面造成了商品销售困难，而另一方面造成部分顾客的需要得不到满足。

理智的生产者和经营者当然不会生产经营那些没有人需要的商品。要选择生产那些有人购买的商品。然而问题在于，一定范围的市场对于某种商品的需求量是经常变动的。有许多因素会对潜在顾客的需求产生影响。例如，居民收入的增长会使人们逐步放弃对低档、过时商品的消费，随之将购买力转向档次较高、新颖的商品；一种商品价格过高，使许多人认为消费它不合算而很少购买它，但当它的价格下降时，人们就会产生消费合算的念头，愿意多购买、多消费。潜在顾客对于一种商品的购买欲望从来就是不稳定的。购买欲望的变化必然影响购买力的支付方向，导致市场需求的变化。对于这种变化，生产者和经营者可能缺乏信息，因而在变化发生以后，处于被动状态。

为了有效地实现商品销售，企业营销经理需要经常地研究市场需求，弄清楚谁是潜在顾客，他们需要什么样的商品，为什么需要，需要多少，何时何地需要，研究本企业在满足顾客需要方面的合适性，研究可能存在的销售困难和困难来源，并且对应地制定满足每一个顾客需要的市场营销策略。这就是市场调查与研究职能的基本内容。不难发现，市场调查和研究不单纯是组织商品销售的先导职能，实际上是整个企业市场营销的基础职能。

3．生产与供应

如何把握已经来临的市场机会并充分有效地加以利用呢？如何对即将来临的市场需求的变化灵活适应呢？关键在于内部是否进行着生产和销售、内部与外部之间两者协调的管理。企业作为生产经营者需要适应市场需求的变化，经常调整产品生产方向，借以保证生产经营的产品总能适销对路。这就是说，要争取利用每个时期的市场需求来保持企业销售收入的稳定和增长，争取利用所生产经营商品的每一次盈利机会。在市场需求经常变动的条件下，企业的这种适应性就来自于企业对市场的严密监测，对内部的严格管理，对变化的严阵以待，对机会的严实利用。所有这些职能在企业经营管理上笼统地称为生产与供应职能，这个职能名称实际上是沿用传统的说法。在现代市场营销理论中，这个职能被称作整体营销。

整体营销是由企业内部的多项经营职能综合来体现的。要让销售部门在每个时期都能向市场销售适销对路的产品，市场调研部门就要提供准确的市场需求信息；经营管理部门就要把市场需求预测资料转变成生产指令，指挥生产部门生产及和其他部门的协作。要让销售部门及时向顾客提供他们需要的产品，就要让生产部门在顾客需要来临之前将相应的产品生产出来；为了让生产部门能够做到这一点，技术开发部门就要在更早的时候完成产品设计和技术准备工作，能够向生产部门提供生产技术；财务部门就要在更早的时候筹集到资金，提供给生产部门进行生产线或机器设备的调整，提供给采购部门进行原料、材料、零部件的采购和供应；人事部门也要在更早的时候对工人进行技术培训和岗位责任教育，激发职工提高生产劳动的积极性和主动性；要让销售部门能够迅速打开销路，扩大商品销售数量，公共关系部门就应当在此之前在顾客心目中建立高尚的企业形象和企业产品形象，扩大服务顾客的声势和信誉传播范围；广告宣传部门就要在此之前有效地展开广告宣传攻势；促销部门要组织对潜在顾客有吸引力的促销活动；销售渠道和网络管理部门要在此之前争取尽可能多的中间商经销或代销企业的商品。这样，各个部门相互之间协同作战，共同来做好市场营销工作，就是整体营销。

实行整体营销需要对各个职能部门各自为政的传统做法加以改变，甚至需要改变某些职能部门的设置。在市场营销中，要让技术开发部门根据顾客的需要开发人们愿意购买的商品；让财务部门按照市场营销需要筹集资金，供给资金，补充“给养”；让生产部门在顾客需要的时间生产出顾客需要的产品，保证销售部门及时拿到合适的产品，并采用顾客喜闻乐见的方式，向存在需要的顾客进行销售。这样，技术开发部门、生产部门、财务部门和销售部门就结合起来了，共同为促进商品的销售而运作，这样才能形成整体营销的效果。

4. 创造市场需求

不断提高社会生活水平的社会责任，要求企业努力争取更多地满足消费者需要。这就是说，仅仅向消费者销售那些他们当前打算购买的商品是不够的。消费者普遍存在着“潜在需求”，即由于某些原因，消费者在短期内不打算购买商品予以满足的需求。例如，目前对市场上某种商品的质量水平不满意的消费者，即使存在需要，也可能不去购买这种商品；对于目前市场上价格相对较高、人们认为多消费就有些奢侈的非生活必需品，消费者即使存在需要，也可能不去购买，或者很少购买；有些消费者因为某种后顾之忧，把一部分钱储蓄起来，不用于目前的生活消费，会形成“潜在需求”；另外一些消费者虽然有一定的生活收入来源，可是由于目前手持货币数量的限制，不能购买某种他所需要的商品，也形成了“潜在需求”。当然，还有相当多的顾客拿着钱买不到自己所需要的商品，因此形成“潜在需求”。潜在需求的客观存在是由消费者生活需要的广泛性和可扩张性决定的。潜在需求实质上就是尚未满足的顾客需求，代表着在提高人们生活水平方面还有不足之处，也是企业可开拓的市场中的“新大陆”。

企业既要满足已经在市场上出现的现实性顾客需求，让每一个愿意购买企业商品的顾客确实买到商品，也要争取那些有潜在需求的顾客，提供他们所需要的商品和服务，创造某些可以让他们买得起、买得放心的条件，解除他们的后顾之忧，让他们建立起购买合算、消费合理的信念，从而将其潜在需求转变成为现实需求，前来购买企业的商品，这就是“创造市场需求”。例如，通过适当降价，可以让那些过去买不起这种商品的消费者能够购买和消费这种商品，让那些过去觉得多消费不合算的消费者愿意多购买、多消费，真正满足其需要；通过广告宣传，让那些对某种商品不了解因而没有购买和消费的消费者了解这种商品，产生购买和消费的欲望；通过推出新产品，可以让那些难以从过去的那种商品获得需要满足的消费者有机会购买到适合其需要、能让他满意的商品；通过提供销售服务，让那些觉得消费某种商品不方便、不如意、不安全因而很少购买的消费者也能尽可能多地购买和消费这种商品，创造市场需求可以使市场的现实需求不断扩大，提高顾客需求的满足程度；也可以使企业开创一方属于自己的新天地，大力发展生产；同时可使企业在现有市场上可进可退，大大增强对市场需求变化的适应性。

5. 协调平衡公共关系

企业作为一个社会成员，与顾客和社会其他各个方面都存在着客观的联系。改善和发展这些联系既可改善企业的社会形象，也能够给企业带来市场营销上的好处，即增加市场营销的安全性、容易性。商品销售只是企业与顾客之间营销关系的一部分。事实上，他们之间还可以发展经济的、技术的和社会的联系和交往。通过这些非商品交换型的联系，双方之间就可以增进相互信任和了解，可以发展为相互依赖、相互帮助、同甘共苦的伙伴关系，让企业获得一个忠实的顾客群，还可以将过去交易中的烦琐谈判改变为惯例型交易，节省交易费用。这种“关系营销”的思想同样适合于发展和改善企业与分销商、供应商、运输和仓储商、金融机构、宣传媒体以及内部职工的关系，使企业在市场营销过程中，都可以找到可以依赖、可予以帮助的战略伙伴。协调平衡公共关系需要正确处理三个关系，即商品生产经营与企业“社会化”的关系，获取利润与满足顾客需要的关系和满足个别顾客需要与增进社会福利的关系。

三、资本收益最大化的最优选择

企业财务管理目标的最优选择应该是企业经济增加值率最大化，片面强调某一方面是不科学的，应该全面考虑。

1. 利润最大化

这一目标的渊源是亚当·斯密的企业利润最大化理论。

优点：根据经济学原理，利润表示新创造的财富。企业利润越大，表明企业所创造的财富越多，整个社会财富亦会因此而增大。所以，应该把追求利润最大化作为企业财务管理的目标，把利润作为评价企业管理者经营管理业绩的依据。

缺点：随着商品经济的发展，企业的组织形式和经营管理方式发生了深刻的变化，业主经营逐渐被职工经理经营代替，企业利益主体呈现多元化，在这种情况下，利润最大化作为企业财务管理目标就不合适了。这不仅因为利润最大化概念含糊不清，没有反映出利润与投入资本的比例关系，还因为即使实现了利润最大化，如果未考虑到各种利益主体的合理利益，也会影响未来企业经营资本的来源。

2. 净现值最大化

该观点主要关注资本在企业内部的有效分配，以及企业在资本市场中的作用；讨论如何在各类资产间分配财物资源，以提高现金流动的净现值；认为如果一个企业所有各投资项目的净现值最大，企业的净收益就会最大，资本才能真正得以最大化增值。

优点：考虑了时间价值对资本增值效果的影响，显然优于利润最大化目标。

缺点：未从根本上克服利润最大化目标的缺陷，没有反映出利润与投入资本比例关系。

3. 每股收益最大化

20世纪60年代，随着资本市场的逐渐完善，股份制企业的不断发展，每股收益最大化逐渐成为西方企业的财务管理目标。

优点："收益"有时间概念，且"每股"又有投入资本概念，它是一定时间内单位投入资本所获收益额，充分体现了资本投入与资本增值之间的比例关系，用每股收益概括企业财务管理目标，把企业利润与股东投入的资本联系起来，克服了以利润最大化作为企业财务管理目标而没有考虑所获利润与投入资本关系的不足。

缺点：一是未能体现资本投入所面临的风险；二是没有考虑企业股利方针对股票市价的影响。如果企业的目标只是为了每股收益最大，企业就决不会支付股利。

4. 股东财富最大化

这是近几年西方财务管理中比较流行的一种观点。

优点：股东投资企业的目标是以获得高额回报来扩大财富，股东财富最大化是用公司股票的市场价格来计量的，它考虑了风险因素，因为风险的高低会对股票价格产生重要影响；它也考虑了货币时间价值，一定程度上能够克服企业在追求利润上的短期行为，因为不管是目前利润还是预期未来的利润均会对股票价格产生重要影响。

缺点：首先，由于过于强调股东的利益，而对企业其他关系主体的利益不够重视，不利于处理好现代企业财务活动中产生的各种财务关系。其次，股票价格是受多种因素影响的结果，并非都是公司所能控制的，把不可控因素引入理财目标是不合理的。再次，它只适合上市公司，而不适于非上市公司。

5. 企业价值最大化

所谓企业价值就是企业资产的市场价值，取决于企业潜在和未来的获利能力。

优点：企业价值最大化充分考虑了资金的时间价值、风险价值和通货膨胀价值对企业资产的影响，克服了企业在追求利润上的短期行为，因此，有学者认为该观点体现了对经济效益的深层认识。

缺点：一是概念上的模糊。大部分学者认为，企业价值最大化就是股东财富最大化。但也有学者认为企业价值与股东财富不是同一概念。认为企业价值相当于资产负债表左方的资产价值，而股东财富应相当于资产负债表右方的所有者权益的价值。二是测算上的困难。如果用未来企业报酬贴现值计量企业价值，在实践可操作上存在着难以克服的缺陷。如果用资产评估值来计量，方法上虽然科学，但是资产评估通常用于企业经营方式变更、资产流动、产权变更，而在企业日常管理、业绩评价中使用却费时费力，事实上也难行得通。

6. 持续发展能力最大化

该观点认为，企业财务管理目标必须是经济性目标与超经济性目标的高度统一，是所有者利益与其他主体利益的最佳兼顾，绝不能只是一项非常具体化、定量化、具有明显倾向性的财务指标；必须具有综合性、兼容性，能够全面反映企业的持续经营和稳定发展能力，而有利于企业可持续发展的理财目标就是“持续发展能力最大化”。

优点：第一，能够在理财目标中充分考虑企业管理的最高目标；第二，使企业的理财思路跳出资金管理的局限。

缺点：企业持续发展能力最大化是一种高度综合性的企业目标，不是企业理财目标所能涵盖的。“持续发展能力最大化”本质上是企业经营的最高目标，企业理财目标应当充分体现企业的经营目标，但两者之间不能等同。

一、实验简介

在实验二中进行了销售模式组合实验，学生通过实施4P策略和合理选择销售途径实现产品销售，本实验让学生在总资本固定并有限的情况下，在市场和销售环节合理分配资金，实验要求学生在最大市场份额与实际销售数量、在以最小投入获得最大利润之间寻求平衡点，从资本的角度学习如果使资本收益最大化。

本实验选择电风扇产品做3年实验。市场投入与产品销售是市场营销的主要要素，从资金的角度来分析就是要使二者平衡投入，达到最佳结合点，使资本收益率最大化。但现实与理论之间有很大差距，基本没办法找到资本收益率最大化的二者投入最佳结合点，学生可通过不断试错和不断调整的方法寻找较佳结合点。

二、实验目的

1. 学习市场投入与产品销售之间的资金合理分配。

2. 通过计算等方式寻找使资本收益最大化的市场投入与产品销售的资金投入比例。

3. 通过寻找资本收益最大化的过程从而加深对市场与销售平衡营销理论的理解。

三、实验安排

1. 实验时间：3 课时。

2. 实验产品：电风扇。

3. 实验时间可根据学校情况作调整，可调整实验年数，增加或减少实验时间。

四、实验准备

1. 老师的实验准备

(1) 选择产品电风扇。

(2) 控制实验资金总额为 800 万。

(3) 导入系统提供的标书，在学生实验过程中选择性地增加或减少标书的数量。

(4) 第 1 年调整系统数据，如图 3－1 所示。

(5) 第 2 年不需要调整系统数据。

(6) 第 3 年可以按照需要调整系统数据。

2. 学生的实验准备

在浏览器栏输入 http：// 服务器的名称或 IP 地址：8081 回车进入登录界面。

系统参数详情

生产次数：	10 次/年
渠道合作评分标准(品牌指数+价格+数量=100%)	
品牌指数百分比：	40 %
价格百分比：	40 %
数量百分比：	20 %
渠道开标时间间隔：	2 分钟
违约金比例：	5 %
年度品牌衰退百分比：	20 %
产品生产时间(分钟/次)：	1 分钟
购买技术时间(分钟)：	1 分钟
招投标价格上限(几倍于产品成本)：	1 倍
年度排名评分标准(【现金+固定资产】+【销售额】+【利润】=100%)	
现金+固定资产百分比：	20 %
销售额百分比：	30 %
利润百分比：	50 %
	修改

图 3－1　系统参数详情示意图

五、操作讲解

第一，品牌知名度。品牌知名度是一个数值，提升品牌知名度需要通过广告宣传来实现。系统提供了常用的宣传方式，包括电视、网络、户外、邮寄、纸媒等方式。

提升品牌知名度的目的：在渠道销售和参加招投标的过程中，每个渠道和每个标书，都会有对品牌知名度的要求，而且大小不一样。只有大于或等于要求的数值，才有可能与之合作。

影响品牌知名度提升的因素：每项广告都有自己的宣传有效度，宣传有效度体现这个广告的宣传效果，宣传有效度以数值表现出来，所以，宣传有效度的大小直接影响品牌知名度。

合理地提高品牌知名度：系统设计品牌知名度可以累加，就是说如果将大量资金投入到广告宣传上，品牌知名度的值会非常高，虽然能与所有的渠道合作，但却造成资金大量流失，无力生产发货，会造成信用等级下降甚至破产的结果。

第二，市场份额。市场份额的提高也是通过广告宣传实现的，在广告生效的同时，市场份额数量会同时递增，其关系为：品牌知名度每提高 0.1，市场份额增加 20 000(这个基数后台可作调整)。随着品牌知名度的逐步提高，这个转换机制有如下规律：

品牌知名度 0.1 ~ 0.5，按照市场份额转换基数直接转换。

品牌知名度 0.5 ~1.0，按照市场份额转换基数的 80% 进行转换。

品牌知名度 1.0 以上，按照市场份额转换基数的 120% 进行转换。

第三，产品研发。产品研发的目的是为了提升产品档次，产品档次可以直接影响渠道销售、招投标及自由交易。

六、学生操作

第一步，公司注册。

学生登录系统后要先注册一家公司，如图 3 -2 所示。

欢迎使用【因纳特市场营销模拟平台软件】，公司注册.	
企业名称	
所在区域	华北地区
品牌名	
品牌信息	

提交　重置

图 3 -2　学生注册公司示意图

填写相应的企业名称，公司所在区域，品牌名及品牌信息，类似实验一。

第二步，了解产品需求量。

了解不同档次产品在不同销售方式、不同区域中的需求量。系统提供了三种销售方式，渠道、招投标和自由交易市场。其中渠道及招投标是系统后台直接设定的，需求量固定，而自由交易市场是参加实验的学生所发布的交易信息，需求量不定，相当于系统的辅助性销售方式。

学生可根据前两种销售方式大概得出低、中、高档产品在某一年内的总需求量。以计算华北地区不同档次产品需求量为例，根据华北地区商场、超市中所有低、中、高档产品的需求量，再加上所发布的标书中华北地区低、中、高档产品的数量，大概得出系统在这一年度内华北地区不同档次产品的总需求量，其他区域计算方式类似，填写表 3 -1 至表 3 -3。

表 3 –1　第一年度市场需求分析表

学生姓名：　　　　学号：　　　　公司名称：　　　　实验年度：1

区域	渠道/招标标题	产品档次	产品需求量	各档次产品总需求量
华南				
华北				
华东				
东北				
西南				
西北				

表 3－2　第二年度市场需求分析表

学生姓名：　　　学号：　　　公司名称：　　　实验年度：2

区域	渠道/招标标题	产品档次	产品需求量	各档次产品总需求量
华南				
华北				
华东				
东北				
西南				
西北				

表3-3　第三年度市场需求分析表

学生姓名：　　　　学号：　　　　公司名称：　　　　实验年度：3

区域	渠道/招标标题	产品档次	产品需求量	各档次产品总需求量
华南				
华北				
华东				
东北				
西南				
西北				

通过以上表格综合对比得出不同产品档次、不同区域的需求量，学生根据此结果合理安排产品投入、产品生产排期，选择目标市场开拓，做到资金分配合理，产品周转最快。

第三步，获得订单。

根据不同销售方式的要求，利用宣传、产品、市场、销售的有效协调，获得订单。

1. 市场份额数

市场开拓：通过对公司所要运营的区域进行市场调查，以及销售体系的建立或销售人员的培训等活动，计算得到相对应的市场开拓度。开拓分值越高，市场开拓度越大，但需要付出的资金也较多，所以学生需要合理考虑选择哪种开拓项目对公司前期运营有利，待公司发展壮大后再次选择哪种开拓方式利于全面提高销售量。

促销策略：在所营销的区域内必要的时期进行促销活动，以扩大市场份额数量。

2. 产品定价

产品定价的目的是为了跟渠道合作，产品定价在渠道的进货价格以下，且与渠道价格越接近，公司所获得的利润就越大。学生在进行某一区域的产品定价时，需要先了解渠道价格，综合得出利润最大化的定价。学生通过对渠道的价格进行分析，填写表3－4至表3－6。

3. 产品宣传

宣传的目的是为了提高品牌知名度，品牌知名度的好坏直接影响与渠道合作及招投标，品牌知名度过高或过低都说明资金分配的不合理。提升品牌知名度系统提供了常见的几种方式，每个区域、每种宣传方式的宣传有效度都是不一样的。学生进行广告投入以前，同样也需要综合考虑渠道及招投标中心针对不同区域、不同档次对品牌知名度的要求。通过对不同区域、不同档次产品的品牌知名度进行综合比较后得出表3－7至表3－9。通过这些表格，学生统计出品牌知名度在所有销售方式中的平均值，即可得出做不同档次产品所需的品牌知名度，从而可合理地分配资金，进行合理的广告投入。

4. 销售预测汇总表

通过对市场需求预测、目标市场渠道需求、目标市场品牌知名度要求的综合分析，学生合理制定价格策略、渠道策略和宣传策略的投入，进行广告投入后，可以通过促销提高市场份额，市场份额直接影响产品销售的数量，在相同的品牌知名度及价格的条件下，市场份额较高的则与渠道合作的产品数就较多，当市场份额不够时，学生可以通过广告投入或促销来提高市场份额，最后综合得出销售利润统计表，见表3－10至表3－13。

表 3 –4　第一年度目标渠道价格分析表

学生姓名：　　　　学号：　　　　公司名称：　　　　实验年度：1

区域	超市/商场	产品档次	最高进货价格	最终定价
华南				
华北				
华东				
东北				
西南				
西北				

备注：依次把目标市场的渠道价格统计好

注：通过表格得出平均的价格，学生在定价时可以略高于平均值，后期通过促销进行降价，达到跟其他渠道进行合作的目的。

表3-5　第二年度目标渠道价格分析表

学生姓名：　　　　学号：　　　　公司名称：　　　　　　实验年度：2

区域	超市/商场	产品档次	最高进货价格	最终定价
华南				
华北				
华东				
东北				
西南				
西北				

备注：依次把目标市场的渠道价格统计好

注：通过表格得出平均的价格，学生在定价时可以略高于平均值，后期通过促销进行降价，达到跟其他渠道进行合作的目的。

表 3 –6　第三年度目标渠道价格分析表

学生姓名：　　　　学号：　　　　公司名称：　　　　　　实验年度：3

区域	超市/商场	产品档次	最高进货价格	最终定价
华南				
华北				
华东				
东北				
西南				
西北				

备注：依次把目标市场的渠道价格统计好

注：通过表格得出平均的价格，学生在定价时可以略高于平均值，后期通过促销进行降价，达到跟其他渠道进行合作的目的。

表 3－7　第一年度广告投入决策分析表

学生姓名：　　　　学号：　　　　公司名称：　　　　实验年度：1

序号	区域	产品档次	销售方式	品牌知名度均值	广告投入决策
1	华南				
2					
3					
4	华北				
5					
6					
7	华东				
8					
9					
10	东北				
11					
12					
13	西南				
14					
15					
16	西北				
17					
18					

备注：依次把目标市场的广告投入决策记录好

表3－8　第二年度广告投入决策分析表

学生姓名：　　　　学号：　　　　公司名称：　　　　实验年度：2

序号	区域	产品档次	销售方式	品牌知名度均值	广告投入决策
1					
2	华南				
3					
4					
5	华北				
6					
7					
8	华东				
9					
10					
11	东北				
12					
13					
14	西南				
15					
16					
17	西北				
18					

备注：依次把目标市场的广告投入决策记录好

表3－9 第三年度广告投入决策分析表

学生姓名： 学号： 公司名称： 实验年度：3

序号	区域	产品档次	销售方式	品牌知名度均值	广告投入决策
1	华南				
2					
3					
4	华北				
5					
6					
7	华东				
8					
9					
10	东北				
11					
12					
13	西南				
14					
15					
16	西北				
17					
18					

备注：依次把目标市场的广告投入决策记录好

表 3-10　第一年度销售利润统计表

学生姓名：　　　　学号：　　　　公司名称：　　　　实验年度：1

序号	区域	销售价格	销售	销售收入	生产成本	管理费	标书费	违约罚款

销售总收入：	生产总成本：	市场开拓总费用：
技术总费用：	宣传总费用：	销售总成本：
净利润：		利润率：

备注

销售收入 = 销售价格 × 销量

技术总成本 = 研发总费用 + 技术购买总费用

宣传总费用 = 广告总费用 + 促销总费用

销售总成本 = 研发总费用 + 技术购买总费用 + 目标市场开拓总费用 + 广告总费用 + 促销总费用 + 标书总费 + (管理费用 × 销量) + 违约罚款

利润率 = [销售总收入/(生产成本 + 销售总成本)] - 1

销售中没有的项目填“0”

表 3－11　第二年度销售利润统计表

学生姓名：　　　　　学号：　　　　　公司名称：　　　　　　　　实验年度：2

序号	区域	销售价格	销售	销售收入	生产成本	管理费	标书费	违约罚款

销售总收入：	生产总成本：	市场开拓总费用：
技术总费用：	宣传总费用：	销售总成本：
净利润：		利润率：

<table>
<tr><td>备注</td><td>销售收入＝销售价格×销量
技术总成本＝研发总费用＋技术购买总费用
宣传总费用＝广告总费用＋促销总费用
销售总成本＝研发总费用＋技术购买总费用＋目标市场开拓总费用＋广告总费用＋促销总费用＋标书总费＋（管理费用×销量）＋违约罚款
利润率＝［销售总收入／（生产成本＋销售总成本）］－1
销售中没有的项目填“0”</td></tr>
</table>

表3－12　第三年度销售利润统计表

学生姓名：　　　　学号：　　　　公司名称：　　　　实验年度：3

序号	区域	销售价格	销售	销售收入	生产成本	管理费	标书费	违约罚款
销售总收入：			生产总成本：		市场开拓总费用：			
技术总费用：			宣传总费用：		销售总成本：			
净利润：					利润率：			
备注	销售收入＝销售价格×销量 技术总成本＝研发总费用＋技术购买总费用 宣传总费用＝广告总费用＋促销总费用 销售总成本＝研发总费用＋技术购买总费用＋目标市场开拓总费用＋广告总费用＋促销总费用＋标书总费＋（管理费用×销量）＋违约罚款 利润率＝［销售总收入/（生产成本＋销售总成本）］－1 销售中没有的项目填“0”							

表3－13　资本收益率计算表

学生姓名：　　　　　学号：　　　　　公司名称：

年度	支出总额	收入总额	资本收益
1			
2			
3			
备注	资本收益＝净利润/原始资本		

七、分析能力训练

1．资本收益最大化的要素分析。

2．资本收益最大化与销售利润最大化的区别。

八、案例学习一

金娃，让每一分营销广告投入都为品牌作加法

金娃认为，品牌的核心价值应该贯穿到企业价值活动的每一环节之中，如采购供应、产品研发、生产制造、产品包装设计、广告宣传、公关与促销活动。

（一）提升产供销、技术等企业价值活动，研发生产高营养和安全果冻

由于产品是体现金娃的核心价值与社会营销理念的重要载体，在杰信的推动下，金娃对产供销、技术研发等各个环节都按核心价值的要求进行了调整与提升。在原料采购上，自2000年下半年开始，金娃营养果冻添加的营养素全部由国内乃至全球最好的供应商供货，如健脑果冻之母液由中国第一军医大学提供；AD钙、高锌高钙果冻中的维生素A、D由瑞士罗氏药厂提供；为了孩子的长远健康，主动使防腐剂、色素的使用量远远低于国家标准(一般比国家标准低40%～50%)，尽管这些会使果冻的生产成本大大上升；金娃的90%以上的香精采用进口产品，比国产香精每吨成本贵70%；金娃果冻所有胶体都是天然植物提取物。在技术上增加投入，研发出高营养和安全果冻。金娃公司在推动果冻技术进步和新品研发上创下了一个又一个里程碑。2001年3月，研发了配伍科学、具有很高美容价值的伊人芦荟系列果冻，这是果冻业第一颗不含香精、不含人工色素的果冻；2001年6月，与第一军医大学技术合作开发了健脑果冻，是由卫生部批准的健字号产品，健脑果冻为中国果冻业第一家；2001年12月，针对家长对果冻安全性的担忧，其研发成功入口即化的果冻，大大提高了食用果冻的安全性。

（二）传播栩栩如生，演绎核心价值

1. 广告

广告传播上也关心孩子身心健康与心智发育，引导孩子与家长关注身心的长远健康，如赞助儿童保健栏目，介绍儿童营养、保健知识，获得消费者的高度认同。同时，在广告中非常注重引导孩子树立正确的价值观，如勤劳、善良、珍惜友谊、敬老爱幼等。

2. 新闻传播

金娃的社会营销战略具有巨大的新闻价值。社会营销对中国的可持续发

展与保护消费者的利益善莫大焉，对于增进中国企业的竞争力也大有好处。西方很多企业由于其自私自利的反社会营销观念而遭受消费者的唾弃、业绩大幅下滑乃至灭顶之灾，之后才痛定思痛走向社会营销之路。如果中国企业不能以前瞻性的眼光主动积极地开展社会营销，到时一定会像西方企业那样，企业竞争力急剧下降，甚至元气大伤。

不少新闻工作者认为，倡导社会营销是任何一位牵挂社会进步、心系民族未来、关心中国企业命运的新闻工作者义不容辞的责任与崇高使命。所以，《新华社》《中国食品报》《经济观察报》《中国经济时报》等权威媒体以较大篇幅热情报道了金娃的社会营销战略，希望金娃成功的社会营销能带动更多的企业开展社会营销。一时间，金娃在中国新闻界掀起了一股社会营销的热浪，成为2001年中国营销广告界难得的亮点。

3．促销与公关活动

中国很多企业都已通过广告完成了他们的品牌初级资产建设，正在把创造更深度的沟通、让消费者体验核心价值以及抢占消费者心智作为品牌建设的重中之重。强势大品牌的成功案例表明，要让消费者刻骨铭心地记住核心价值并发自肺腑地认同之，必须通过深度沟通让消费者真切地感受品牌的核心价值。金娃的主题促销活动更是以很低的成本与目标受众达成了互动的深度沟通。杰信策划的金娃恐龙兵团争霸棋是中国儿童食品业第一家以促进儿童智力发育为主题的促销案。

总之，金娃启动新的核心价值与社会营销战略后，“奉献优质营养，关爱少儿的长远身心健康”的核心价值不折不扣地在任何一次营销广告活动中都要得到体现与演绎。不仅原料采购、产品研发、电视广告、促销策略，甚至通路策略、终端生动化、街头促销、售后服务以及每一次接受媒体采访、与客户沟通等任何与公众、消费者沟通的机会，都体现了对少儿长远身心健康的关怀，从而使消费者不管何时接触品牌时都能感受到核心价值的信息，这就意味着每一分的营销广告费都在加深消费者大脑中对核心价值的记忆与认同，都在为品牌作加法。金娃品牌战略的实施使每一分营销广告费都围绕核心价值而展开，即每一分营销广告费花得都更有效率，能在不增加营销广告费用的前提下提升品牌资产。如果没有这样做，就意味着企业的营销传播活动没有中心与目标，大量的营销广告费只能促进短线销售，无法积累品牌资产。就像乐队没有指挥，不同乐器各奏各的调，永远不可能有优美的旋律。如金娃对包装进行了改版，充分利用包装的图案色彩来体现与宣传核心价值，只需在设计上多下功夫(增加的设计费几乎可以忽略不计)，印刷费是大头但并没有增加；广告只需在策略与创意上体现核心价值，制作成本可能上升也可能下降，广告的大头是媒介费用，媒介费用可以与不实施品牌战略情况下的数额同等，但广告效果更明显了。所以企业即使投入与不实施品牌战略时同等数额的营销传播费用也能使品牌资产倍增。

资料来源:

翁向东. 打造品牌核武器——金娃的低成本崛起之道. 博锐管理在线, http://www.boraid.com/ 2004－12－10.

讨论:

1. 金娃的核心价值是什么? 收集金娃的广告，总结金娃如何通过营销广告活动体现与演绎其品牌的核心价值。

2. 企业如何让每一分营销广告投入都为品牌作加法?

九、案例学习二

精准营销在旅游电子商务领域的应用

(一)精准营销的理论介绍

精准营销(Precision marketing)就是在精准定位的基础上，依托现代信息技术手段建立个性化的顾客沟通服务体系，实现企业可度量的低成本扩张之路。要求企业开展更精准、可衡量和高投资回报的营销沟通，更注重结果和行动的营销传播计划，还有越来越注重对直接销售沟通的投资。简而言之，精准营销就是用适当的方法，在适当的时机，将适当的产品推荐给适当的人。该理论有三个层次的含义：

第一，精准的营销思想。营销的终极追求就是无营销的营销，向终极思想的过渡就是逐步精准。彼得·德鲁克认为，营销的目的在于深刻地认识和了解顾客，使产品完全适合其需要从而形成产品的自我销售。理想的营销会产生一个已经准备来购买的顾客。精准营销将传统的大众传播改为小众传播，将目标市场锁定在最有价值的顾客。

第二，实施精准的体系保证和手段，而这种手段是可衡量的。先进的网络技术是实施精准营销的技术依托。它们让品牌的信息能准确地到达顾客，进行长期个性化沟通，保证每一分的市场投入都有可衡量的回报，使营销达到可度量、可调控等精准要求。

第三，达到低成本可持续发展的企业目标。更精准地传播为企业节约大量的营销费用，更注重对直接销售沟通的投资，尤其是电子商务和移动商务的投资，也极大地降低了营销成本。同时，精准沟通带来的高响应率、顾客忠诚和交叉销售、向上销售和延伸销售将给企业带来可观的利润回报。

精准营销的实现必须依托CRM，即公司凭借强大的顾客数据库，详细地了解每个有价值顾客的信息，定制化其市场供应品、服务、项目、信息和媒体。互联网是实现精准营销的最佳平台，窄告[①]、竞价排名搜索、博客、论坛

① 窄告就是“窄而告之”“专而告之”。客户的窄告会直接投放到与之内容相关的网络媒体上的文章周围，同时窄告还会根据浏览者的偏好、使用习性、地理位置、访问历史等信息，有针对性地投放到真正感兴趣的浏览者面前。窄告以其特有的优势与服务，给投放商的宣传带来了更多的回报，如节约了更多的资源，宣传推广范围与力度得到强有力的提升，最重要的是为窄告投放者带来了更多有效的客户，从而也带来了更高的宣传回报。

等精准营销形式都是通过网络营销来实现的。

总之，精准营销是信息时代一种更节约、更精确的营销传播手段，能够解决中小企业营销费用投入不足，或大企业营销传播浪费的现象，为顾客提供定制化服务，培养顾客忠诚，使企业低成本持续成长。菲利浦·科特勒认为，更加精准是营销发展的趋势，未来营销将是大众营销的衰落和精确营销的兴起。

(二)精准营销在旅游电子商务领域的应用

1. 旅游比价搜索引擎为实现长尾经济提供机会

旅游者从网上获取旅游信息主要是通过搜索引擎，据美国市场调查机构Jupiter Research新近发布的报告显示，美国在线旅游市场最大受益者是GOOGLE、YAHOO这两大搜索引擎商，而不是最大的在线旅游预订网站Expedia。搜索引擎根据旅游者输入的关键词在浩瀚的网络信息中进行检索，将最符合要求的信息呈现给顾客，不仅为顾客节约了大量时间，也使信息传递更加精准。我国新兴的旅游比价搜索引擎，如优客、万里等都是专业性的旅游精准营销平台。这些专门的旅游比价搜索引擎为中小旅游企业提供了与大企业同台竞争的机会。

2. 网络社群可提供天然的分众市场和旅游者信息

网站最大的特色就是用户的积极参与和集体智慧。网站上的信息全部由网民贡献，网民是信息的发源地和传播者。网民在博客、论坛、社区发表个人言论，讨论、评价旅游产品和服务，利用相关群体的影响力引导其他旅游者的选择。网站利用分类、Tags等技术，根据旅游者的喜好分成不同的社群，这些社群就是一个个天然的分众市场。

旅游企业可以将与本企业产品定位一致的社群作为目标市场，实施精准营销。这些社群成员基本上都是活跃的意见带头人，他们会利用网络口碑营销影响更多的潜在旅游者。而且旅游者发表在网络媒体上的言论，是其消费体验后的真实心理感受，是旅游企业可以免费获得的市场资料。旅游企业可以利用数据挖掘技术，分析这些旅游信息，锁定重要的目标客户，开展一对一的定制服务。同时，也可以及时地了解旅游市场走向，快速地调整自己的产品和服务定位。

3. “窄告”方式可实现旅游广告的精确匹配

传统的旅游网络广告投放是“广而告之”，大部分营销费用被浪费，而且属于强行干预用户体验的干扰式广告，使网民不胜其烦。窄告就是“窄而告之”，通过运用高端互联网应用技术、业界独有的窄告发布系统，使广告客户的广告内容与网络媒体上的文章内容、浏览者偏好、使用习性、浏览者地理位置、访问历史等信息自动进行匹配，并最终发布到与之相匹配的文章周围。

4. 网络主动营销提高旅游网站的用户转化率

为了提高用户转化率，旅游企业可以利用 Web 2.0 技术对用户 PC 中 cookie 文件进行跟踪分析，了解旅游者的个性化行为。同时，也可以利用方便的交谈窗口，主动邀请访客交谈，及时了解游客所需，提供在线导购服务，以提高直销成功率。网络主动营销将旅游企业的网站变成了一个生动的网上门市部，虚拟的人员推销活动将极大地提升旅游产品销售的成功率和顾客满意度，也使营销沟通活动更加精准。

总之，旅游精准营销减少了营销费用的浪费，使营销沟通更加精准且可衡量，提高了营销投资回报率。在营销计量化成为趋势的今天，旅游精准营销不仅能给企业带来更有效地利益回报，而且也使企业低成本扩张成为可能。

资料来源：

柴海燕. 精准营销在旅游电子商务领域的应用研究. 商业时代，2008 年第 7 期.

讨论：

1. 精准营销的定义？

2. 企业如何从投入产出最大化的角度实现精准营销?

十、案例学习三

中央电视台广告“标王”秦池陷入困境

(一)成功竞标

秦池酒厂是山东省临朐县的一家生产“秦池”白酒的企业。1995年厂长赴京参加中央电视台黄金时段广告“标王”竞标，以6 666万元人民币的价格夺得“标王”，在全国引起极大轰动，一时间“秦池”白酒成为家喻户晓的品牌，身价倍增，秦池酒厂也因此一夜成名，订单雪片般地飞来，在短短的一个多月内，秦池酒厂就签订了4亿元的销售合同，两个多月秦池酒厂的销售收入就达到2.18亿元，实现利税6 800万元，相当于秦池酒厂建厂以来前55年的总和，至1995年6月底，订单已排到了年底。

(二)惊人之举

尝到甜头后的秦池酒厂，不久又作出了惊人之举。1996年11月8日下午，中央电视台传来一个令全国震惊的消息，在全国白酒行业无论是厂名还是品牌并不起眼的秦池酒厂以3.2亿元人民币的“天价”，买下中央电视台黄金时间段的广告权，从而成为令人炫目的两届“标王”连任者，一时间，全国上下刮起了“秦池”风，就连在全国享有极高知名度的四川白酒企业如沱牌酒厂的高层管理者们都感到汗颜，惊呼“狼来了!”。

正如秦池酒厂高层人士的预期，巨大的广告投入确实给秦池酒厂带来了“惊天动地”的效益，1996年秦池酒厂的销售收入达到9.5亿元，此时，秦池酒厂的老总们可谓是踌躇满志，秦池风光无限。

(三)多重危机

1. 产能危机

秦池成名之前作为一家县级企业，其总资产规模和生产能力有限。面对成为“标王”之后滚滚而来的订单，不可能弃之不管，但仅凭现有的生产能力又难以应付，为满足客户的需求，秦池酒厂必须扩大生产规模，生产规模的扩大，就需要对现有的厂房设备进行更新、扩建或引进新设备。

2. 资金危机

巨大的广告费用和企业生产规模的扩大都需要大量的资金，限于当时的条件，秦池酒厂只有向银行贷款，按当时的银行政策，此类贷款往往是短期贷款。贷款使企业的负债比率提高，生产规模的扩大使企业总资产中固定资产比例提高。

3. 质量危机

扩大生产规模，大规模提高生产能力，并不能产生立竿见影的效果，因为，即使企业完全有能力扩大生产规模，但无论是设备厂房的购建，还是白酒的酿造，都需要一定的时间周期。为满足眼前客户的订单，秦池酒厂在扩大生产规模的同时，想到了另外一条解决燃眉之急的捷径，那就是与周边地区的白酒企业横向联合或收购其他企业的白酒进行勾兑，但无论怎么做，两者都很难保证产品的质量。

4. 财务危机

巨额广告支出使经营杠杆作用程度加大，给企业带来了更大的经营风险。产品单价、单位变动成本和固定成本总额，这三要素基本属于常数性质。所以，企业利润的高低在很大程度上取决于产品销售量的大小。

产品销售量的大小，在一定程度上取决于产品的市场份额。树立企业产品的品牌是争取市场份额的较好途径，在中国“泰斗”级的媒介——中央电视台，夺取“标王”是树立产品品牌的较佳方案。但是“标王”不仅增加了企业的巨额广告负担，更重要的是它加大了企业经营杠杆的作用程度，从而也加大了企业的经营风险。

5. 品牌危机

1997 年初某报编发了一组三篇通讯，披露了秦池的实际生产能力以及收购川酒进行勾兑的事实。这组报道被广为转载，引起了舆论界与消费者的极大关注。由于秦池没有采取及时的公关措施，过分依赖于广告效应，因此，在新闻媒体的一片批评声中，消费者迅速表示出对秦池的不信任。秦池的市场形势开始全面恶化。

6. 大败局

1997 年，尽管秦池的广告仍旧铺天盖地，但销售收入比上年锐减了 3 亿元，实现利税下降了 6 000 万元。1998 年 1 ~4 月，秦池酒厂的销售额比 1997 年同期下降了 5 000 万元。1996 年底和 1997 年初加大马力生产的白酒积压了 200 车皮，1997 年全年只卖出一半，全厂十多条生产线也只开了四五条，全年亏损已成定局。曾经辉煌一时的秦池模式成为转瞬即逝的泡沫。1997 年，秦池完成的销售额不是预期的 15 亿元，而是 6.5 亿元；再一年，更下滑到 3 亿元。从此一蹶不振，最终从传媒的视野中消逝了。

资料来源：

吴晓波．大败局．浙江人民出版社，2011．

讨论：

1．秦池成为中央电视台的广告“标王”后陷入了哪些危机？

2．为什么尽管秦池的广告铺天盖地，但销售收入仍然出现锐减？

3．“只要舍得投入广告，销售就一定大幅提升”，这个观点是否正确，为什么？

十一、案例学习四

韩国大宇集团破产

（一）韩国大宇集团倒闭的原因

韩国大宇集团是金宇中先生于1967年靠借来的10 000元美金创立的。1997年，美国《财富》杂志将带领大宇集团走向辉煌的金宇中评为当年“亚洲风云人物”。然而，在大宇集团世界化经营风光无限的背后，却是企业的大举借债，这个庞然大物逐步踏上了靠借债度日的不归路。1997年7月，大宇集团宣布因负债800亿美元而破产，这是韩国历史上金额最大的一笔企业破产案。

大宇集团倒闭的主要原因就是企业对财务杠杆的滥用。1997年年底韩国发生金融危机，根据财务杠杆原理，为了降低财务风险，企业应该减少利息支出，而要减少利息支出就必须偿还债务。当其他企业开始变卖资产偿还债务，以降低财务杠杆系数（即降低财务风险）的时候，大宇集团非但不减少债务，反而发行了大量债券，这不仅增加了它的财务负担，更增加了其财务风险。此时，它的借款利率已经远大于其资产利润率。1998年其债务危机已经初露端倪，1999年前几个月其资产负债率仍然居高不下，1999年7月该集团被韩国4家债权银行接管，一度辉煌的大宇集团实质上已经倒闭。可见此时，大宇集团的举债经营所产生的财务杠杆效应是消极的，它不仅未能提高企业的盈利能力，反而因巨大的偿付压力使企业陷入难以自拔的财务困境。

一般而言，财务杠杆是指由于固定性财务费用的存在，由企业息税前利润的微量变化所引起的每股收益大幅度变动的现象。企业盈利水平越高，扣除债权人拿走某一固定利息之后，投资者（股东）得到的回报也就愈多。相反，企业盈利水平越低，债权人照样拿走某一固定的利息，留给股东的回报也就愈少。在盈利水平低于利率水平的情况下，投资者不但得不到回报，甚至可能倒贴。由于利息是固定的，因此，举债具有财务杠杆效应。所以，从根本上说，大宇集团的倒闭是财务杠杆的消极作用影响的结果。

大宇集团在政府政策和银行信贷的支持下，走的是一条“举债经营”之路。试图通过大规模举债，达到大规模扩张的目的，最后实现“市场占有率至上”的目标。由于经营不善，加上资金周转困难，举债不仅没有提高企业的盈利能力，反而使企业陷入了无法摆脱的财务困境。

（二）对我国企业的启示

1. 企业应根据所处的环境确定合理的负债水平

大宇集团高负债的资本结构导致的破产案例使我们清楚地看到，财务杠杆发挥正效益需要在一定的范围之内，当企业投入某一数额的资金可以产生一定税前利润水平时，企业应及时合理调整其资本结构，据此提高企业的每股收益水平，即前面所说的“分饼原理”。只有当总资产利润率大于借款利率时，才会给企业带来有利的积极的财务杠杆作用；反之，将会给企业带来负面、消极的影响。任何企业不能无条件地从事举债经营。在财务决策中，应该首先对资产项目进行严格的可行性研究，通过可行性研究把握市场，并把握项目的盈利能力；在此基础上，再根据项目的盈利能力谨慎选择相应的筹资模式，以充分、合理利用财务杠杆的积极作用效应，提高企业的每股收益水平。

2. 财务杠杆水平的利用必须与公司预计实现的现金净流量相匹配

1958 年，米勒和莫迪格里尼的 MM 资本结构理论诞生，标志着现代资本结构理论的开始。MM 的无公司所得税模型认为，在不考虑公司所得税的情况下，企业价值与资本结构无关，企业价值主要取决于投资创造的现金净流量以及为实现现金净流量而承担的风险。因此，资产负债率水平的高低不影响公司价值。MM 理论揭示了企业发展最为本质的一条铁律：增加企业价值、增强公司持续发展能力的根本途径是增强企业获取未来现金净流量的能力。盈利能力强的企业有着选择各种财务杠杆利用政策的机动性和灵活性，能够有效地减少财务杠杆利用不当给企业带来的损失。

3. 企业应在增强财务的灵活性和财务杠杆利用之间寻求平衡

比可持续增长率更为快速增长的公司，不可避免地要使用外部融资支持公司的增长，这种类型的企业需要在增加企业财务的灵活性和财务杠杆利用之间进行平衡。财务的灵活性是指现在的融资决策应以增加未来的融资能力为前提，为将来企业的发展需要再度进行债务融资创造条件。保持企业财务的灵活度需要企业进行大量的权益资本的积累，其权益资本的积累要么来自于企业的留存收益，要么来源于发行股票融资。企业应维持一个保守的财务比率，制定一个适当的、能够以留存收益支持公司持续增长的股利支付率；如果需要外部融资，则首选举债，迫不得已时再发行股票。这是一种既能够利用留存收益增强企业财务的灵活度，又能够利用债务融资维持或提高股票市场价值的融资政策，也是一种将财务杠杆的利用纳入管理增长、以留存收益和举债支持企业持续发展的理财对策。

案例来源：

财务杠杆与韩国大宇公司. 上海财经大学 EDP 中心，http://www.shufecec.com/2013-11-04.

讨论：

1. 取得财务杠杆利益的前提条件是什么？

2. 何为最优资本结构，其衡量的标准是什么？

3. 谈谈大宇破产案对我国企业的启示。

实验报告三

<table>
<tr><td>实验
名称</td><td colspan="3">测算实验：
市场投入与产品销售训练</td><td>课程
名称</td><td colspan="3">人力资源管理综合实训</td></tr>
<tr><td>院(系)</td><td></td><td colspan="2">班　级</td><td colspan="2"></td><td>学　号</td><td></td></tr>
<tr><td>姓　名</td><td></td><td>角色
职位</td><td></td><td>实验
地点</td><td></td><td>实验
日期</td><td></td></tr>
</table>

一、实验要求

1. 实验前认真回顾相关知识点，理论联系实际，学以致用；
2. 明确实验目的及相关要求，确保实验效果；
3. 遵守实验室的相关规定，爱护公物，注意实验室环境卫生；
4. 按时出勤，并按照老师的指引完成相关任务；
5. 做好实验记录，实验结束后完成实验报告。

二、实验内容

三、实验总结

指导教师点评：

成绩：＿＿＿＿＿＿　指导教师：＿＿＿＿＿＿＿＿　日期：＿＿＿＿＿＿

实验四　竞争实验：制定营销战略训练

☞ 学生知识点准备

一、STP 理论

市场细分(Market segmentation)的概念是美国营销学家温德尔·史密斯(Wended Smith)在1956年最早提出的。此后，美国营销学家菲利浦·科特勒在市场细分理论的基础上进一步发展和完善了温德尔·史密斯的理论并最终形成了成熟的STP理论，即市场细分(Segmentation)、目标市场选择(Targeting)和市场定位(Positioning)。它是战略营销的核心内容。

STP理论通过市场细分选择目标客户，进而以此为根据确定目标市场，最后进行市场定位。STP理论的根本要义在于选择确定目标消费者或客户，或称市场定位理论。根据STP理论，市场是一个综合体，是多层次、多元化的消费需求集合体，任何企业都无法满足市场所有的需求，企业应该根据不同市场需求、购买力等因素把市场分为由相似需求构成的消费群，即若干子市场，这就是市场细分。企业可以根据自身战略和产品情况从子市场中选取有一定规模和发展前景，并且符合公司的目标和能力的细分市场作为公司的目标市场。随后，企业需要将产品定位在目标消费者所偏好的位置上，并通过一系列营销活动向目标消费者传达这一定位信息，让他们注意到品牌，并感知到这就是他们所需要的。

STP理论是指企业在一定的市场细分的基础上，确定自己的目标市场，最后把产品或服务定位在目标市场中的确定位置上。具体而言，市场细分是指根据顾客需求上的差异把某个产品或服务的市场逐一细分的过程。目标市场是指企业从细分后的市场中选择决定进入的细分市场，其也是对企业最有利的市场组成部分。而市场定位就是在营销过程中把其产品或服务确定在目标市场中的一定位置上，即确定自己产品或服务在目标市场上的竞争地位，也叫“竞争性定位”。

（一）市场细分

1. 定义

市场细分就是按照消费者欲望与需求把因规模过大导致企业难以服务的总体市场划分成若干具有共同特征的子市场，处于同一细分市场的消费群被称为目标消费群，相对于大众市场而言，这些目标子市场的消费群就是分众。

市场细分是市场营销学中一个非常重要的概念。第二次世界大战结束后，美国众多产品市场由卖方市场转化为买方市场，在这一新的市场形式下，企业营销思想和营销战略的新发展，更是企业贯彻以消费者为中心的现代市场营销观念的必然产物。

2. 理论基础

(1)顾客需求的差异性。顾客需求的差异性是指不同的顾客之间的需求是不一样的。在市场上，消费者总是希望根据自己的独特需求去购买产品，我们根据消费者需求的差异性可以把市场分为“同质性需求”和“异质性需求”两大类。同质性需求是指由于消费者的需求的差异性很小，甚至可以忽略不计，因此没有必要进行市场细分。而异质性需求是指由于消费者所处的地理位置、社会环境、自身的心理和购买动机不同，造成他们对产品的价格、质量款式上需求的差异性。这种需求的差异性就是我们市场细分的基础。

(2)顾客需求的相似性。在同一地理条件、社会环境和文化背景下的人们会形成相对类似的人生观、价值观的亚文化群，他们的需求特点和消费习惯大致相同。正是因为消费需求在某些方面的相对同质，市场上绝对差异的消费者才能按一定标准聚合成不同的群体。所以消费者的需求的绝对差异造成了市场细分的必要性，消费需求的相对同质性则是使市场细分有了实现的可能性。

(3)企业有限的资源。现代企业由于受到自身实力的限制，不可能向市场提供能够满足一切需求的产品和服务。为了有效地进行竞争，企业必须进行市场细分，选择最有利可图的目标细分市场，集中企业的资源，制定有效的竞争策略，以取得和增加竞争优势。

3. 市场细分方式

著名学者兰晓华认为，市场细分有两种极端的方式：完全市场细分与无市场细分，在该两极端之间存在一系列的过渡细分模式。

(1)完全市场细分。所谓完全细分就是市场中的每一位消费者都单独构成一独立的子市场，企业根据每位消费者的不同需求为其生产不同的产品。理论上说，只有一些小规模的、消费者数量极少的市场才能进行完全细分，这种作法对企业而言是不经济的。尽管如此，完全细分在某些行业，如飞机制造业等行业还是大有市场，而且近几年开始流行的“订制营销”就是企业对市场进行完全细分的结果。

(2)无市场细分。无市场细分是指市场中的每一位消费者的需求都是完全相同的，或者是企业有意忽略消费者彼此之间需求的差异性，而不对市场进行细分。

4. 市场细分的种类

就消费者市场而言，细分变量归纳起来主要有地理环境因素、人口统计因素、消费心理因素、消费行为因素、消费受益因素等，因此也就有了地理细分、人口细分、心理细分、行为细分、受益细分这五种市场细分的基本形式。

(1)地理细分。是按地理特征细分市场，包括以下因素：地形、气候、交通、城乡、行政区等。

(2)人口细分。是按人口特征细分市场，包括以下因素：年龄、性别、家庭人口、收入、教育程度、社会阶层、宗教信仰或种族等。

(3)心理细分。通过个性或生活方式等变量对客户细分。

(4)行为细分。通过对消费者行为的评估进行细分。

(5)社会文化细分。是按社会文化特征细分市场，以民族和宗教为主进行细分。

(6)使用者行为细分。是按个人特征细分市场，职业、文化、家庭、个性等。

5. 市场细分的作用

(1)有利于选择目标市场和制定市场营销策略。市场细分后的子市场比较具体，比较容易了解消费者的需求，企业可以根据自己经营思想、方针及生产技术和营销力量，确定自己的服务对象，即目标市场。针对较小的目标市场，便于制定特殊的营销策略。同时，在细分的市场上，信息容易了解和反馈，一旦消费者的需求发生变化，企业可迅速改变营销策略，制定相应的对策，以适应市场需求的变化，提高企业的应变能力和竞争力。

联想的产品细分策略。正是基于产品的明确区分，联想打破了传统的“一揽子”促销方案，围绕“锋行”“天骄”“家悦”三个品牌面向的不同用户群需求，推出不同的“细分”促销方案。选择“天骄”的用户，可优惠购买让数据随身移动的魔盘、可精彩打印数码照片的3110打印机、SOHO好伴侣的M700多功能机以及让人尽享数码音乐的MP3；选择“锋行”的用户，可以优惠购买“数据特区”双启动魔盘、性格鲜明的打印机以及“新歌任我选”MP3播放器；钟情于“家悦”的用户，则可以优惠购买“电子小书包”魔盘、完成学习打印的打印机、名师导学的网校卡，以及成就电脑高手的XP电脑教程。

(2)有利于发掘市场机会，开拓新市场。通过市场细分，企业可以对每一个细分市场的购买潜力、满足程度、竞争情况等进行分析对比，探索出有利于本企业的市场机会，使企业及时作出投产、异地销售决策或根据本企业的生产技术条件编制新产品开拓计划，进行必要的产品技术储备，掌握产品更新换代的主动权，开拓新市场，以更好适应市场的需要。

(3)有利于集中人力、物力投入目标市场。任何一个企业的资源、人力、物力、资金都是有限的。通过细分市场，选择了适合自己的目标市场，企业可以集中人、财、物及资源，去争取局部市场上的优势，然后再占领自己的目标市场。

(4)有利于企业提高经济效益。前面三个方面的作用都能使企业提高经济效益。除此之外，企业通过市场细分，还可以面对自己的目标市场，生产出适销对路的产品，既能满足市场需要，又可增加企业的收入；产品适销对路可以加速商品流转，加大生产批量，降低企业的生产销售成本，提高生产工人的劳动熟练程度，提高产品质量，全面提高企业的经济效益。

(二)目标市场选择

企业在划分好细分市场之后，可以进入既定市场中的一个或多个细分市场。目标市场选择是指估计每个细分市场的吸引力程度，并选择进入一个或多个细分市场。

1. 目标市场选择标准

(1)有一定的规模和发展潜力。企业进入某一市场是期望能够有利可图，如果市场规模狭小或者趋于萎缩状态，企业进入后难以获得发展，此时，应审慎考虑，不宜轻易进入。当然，企业也不宜以市场吸引力作为唯一取舍，特别是应力求避免“多数谬误”，即与竞争企业遵循同一思维逻辑，将规模最大、吸引力最大的市场作为目标市场。大家共同争夺同一个顾客群的结果是，造成过度竞争和社会资源的无端浪费，同时使消费者的一些本应得到满足的需求遭受冷落和忽视。现在国内很多企业动辄将城市尤其是大中城市作为其首选市场，而对小城镇和农村市场不屑一顾，这样很可能步入误区，如果转换一下思维角度，一些目前经营尚不理想的企业很可能会出现“柳暗花明”的局面。

(2)细分市场结构的吸引力。细分市场可能具备理想的规模和发展特征，然而从赢利的观点来看，它未必有吸引力。波特认为有五种力量决定整个市场或其中任何一个细分市场的长期的内在吸引力。这五个群体是：同行业竞争者、潜在的新参加的竞争者、替代产品、购买者和供应商。

(3)符合企业目标和能力。某些细分市场虽然有较大吸引力，但不能推动企业实现发展目标，甚至分散企业的精力，使之无法完成其主要目标，这样的市场应考虑放弃。另一方面，还应考虑企业的资源条件是否适合在某一细分市场经营。只有选择那些企业有条件进入、能充分发挥其资源优势的市场作为目标市场，企业才会立于不败之地。

现代市场经济条件下，制造商品牌和经销商品牌之间经常展开激烈的竞争，也就是所谓品牌战。一般来说，制造商品牌和经销商品牌之间的竞争，本质上是制造商与经销商之间实力的较量。在制造商具有良好的市场声誉、拥有较大市场份额的条件下，应多使用制造商品牌，无力经营自己品牌的经销商只能接受制造商品牌。相反，当经销商品牌在某一市场领域中拥有良好的品牌信誉及庞大的、完善的销售体系时，利用经销商品牌也是有利的。因此进行品牌使用者决策时，要结合具体情况，充分考虑制造商与经销商的实力对比，以求客观地作出决策。

2. 目标市场选择战略

(1)无差异性目标市场策略。该策略是把整个市场作为一个大目标开展营销，它们强调消费者的共同需要，忽视其差异性。采用这一策略的企业一般都实力雄厚，采用大规模生产方式，同时有着广泛而可靠的分销渠道，使用统一的广告宣传方式和内容。

(2)差异性目标市场策略。该策略通常是把整体市场划分为若干细分市场作为其目标市场。针对不同目标市场的特点，分别制订出不同的营销计划，按计划生产目标市场所需要的商品，满足不同消费者的需要。

(3)集中性目标市场策略。该策略是选择一个或几个细分化的专门市场作为营销目标，集中企业的优势力量，对某细分市场采取攻势营销战略，以取得市场上的优势地位。

(三)市场定位

1. 定义

市场定位(Marketing Positioning)，也称作“营销定位”，是市场营销工作者用以在目标市场(此处目标市场指该市场上的客户和潜在客户)中塑造产品、品牌或组织的形象或个性(Identity)的营销技术。企业根据竞争者现有产品在市场上所处的位置，针对消费者或用户对该产品某种特征或属性的重视程度，强有力地塑造出本企业产品与众不同的、给人印象鲜明的个性或形象，并把这种形象生动地传递给顾客，从而使该产品在市场上确定适当的位置。简而言之，就是在客户心目中树立独特的形象。

2. 目的

市场定位并不是你对一件产品本身做些什么，而是你在潜在消费者的心目中做些什么。市场定位的实质是使本企业与其他企业严格区分开来，使顾客明显感觉和认识到这种差别，从而在顾客心目中占有特殊的位置。市场定位的目的是使企业的产品和形象在目标顾客的心理上占据一个独特、有价值的位置。

3. 分类

市场定位可分为对现有产品的重新定位和对潜在产品的预定位。

对现有产品的重新定位可能导致产品名称、价格和包装的改变，但是这些外表变化的目的是为了保证产品在潜在消费者的心目中留下值得购买的形象。

对潜在产品的预定位，要求营销者必须从零开始，使产品特色确实符合所选择的目标市场。

4. 步骤

市场定位的关键是企业要设法在自己的产品上找出比竞争者更具有竞争优势的特性。竞争优势一般有两种基本类型：一是价格竞争优势，就是在同样的条件下比竞争者定出更低的价格。这就要求企业采取一切努力来降低单位成本。二是偏好竞争优势，即能提供确定的特色来满足顾客的特定偏好。这就要求企业采取一切努力在产品特色上下工夫。因此，企业市场定位的全过程可以通过以下三大步骤来完成。

第一步，识别潜在竞争优势。这一步骤的中心任务是要回答以下三个问题：一是竞争对手产品定位如何？二是目标市场上顾客欲望满足程度如何以及确实还需要什么？三是针对竞争者的市场定位和潜在顾客真正需要的利益要求企业应该及能够做什么？要回答这三个问题，企业市场营销人员必须通过一切调研手段，系统地设计、搜索、分析并报告有关上述问题的资料和研究结果。通过回答上述三个问题，企业就可以从中把握和确定自己的潜在竞争优势在哪里。

第二步，核心竞争优势定位。竞争优势表明企业能够胜过竞争对手的能力。这种能力既可以是现有的，也可以是潜在的。选择竞争优势实际上就是一个企业与竞争者各方面实力相比较的过程。比较的指标应是一个完整的体系，只有这样，才能准确地选择相对竞争优势。通常的方法是分析、比较企业与竞争者在经营管理、技术开发、采购、生产、市场营销、财务和产品等七个方面究竟哪些是强项，哪些是弱项。借此选出最适合本企业的优势项目，以初步确定企业在目标市场上所处的位置。

第三步，战略制定。这一步骤的主要任务是企业要通过一系列的宣传促销活动，将其独特的竞争优势准确传播给潜在顾客，并在顾客心目中留下深刻印象。首先应使目标顾客了解、知道、熟悉、认同、喜欢和偏爱本企业的市场定位，在顾客心目中建立与该定位相一致的形象。其次，企业通过各种努力强化目标顾客形象，保持目标顾客的了解，稳定目标顾客的态度和加深目标顾客的感情来巩固与市场相一致的形象。最后，企业应注意目标顾客对其市场定位理解出现的偏差或由于企业市场定位宣传上的失误而造成的目标顾客模糊、混乱和误会，及时纠正与市场定位不一致的形象。

5. 方式

(1)避强定位策略。这种策略是企业避免与强有力的竞争对手发生直接竞争，而将自己的产品定位于另一市场的区域内，使自己的产品在某些特征或属性方面与强势对手有明显的区别。这种策略可使自己迅速在市场上站稳脚跟，并在消费者心中树立起一定形象。由于这种做法风险较小，成功率较高，常为多数企业所采用。

(2)迎头定位策略。这种策略是企业根据自身的实力，为占据较佳的市场位置，不惜与市场上占支配地位、实力最强或较强的竞争对手发生正面竞争，从而使自己的产品进入与对手相同的市场位置。由于竞争对手强大，这一竞争过程往往相当引人注目，企业及其产品能较快地为消费者了解，达到树立市场形象的目的。这种策略可能引发激烈的市场竞争，具有较大的风险。因此，企业必须知己知彼，了解市场容量，正确判定凭自己的资源和能力是不是能比竞争者做得更好，或者能不能平分秋色。

(3)重新定位策略。这种策略是企业对销路少、市场反应差的产品进行二次定位。初次定位后，如果由于顾客的需求偏好发生转移，市场对本企业产品的需求减少，或者由于新的竞争者进入市场，选择与本企业相近的市场位置，这时，企业就需要对其产品进行重新定位。一般来说，重新定位是企业摆脱经营困境，寻求新的活力的有效途径。此外，企业如果发现新的产品市场范围，也可以进行重新定位。

6. 原则

各个企业经营的产品不同，面对的顾客也不同，所处的竞争环境也不同，因而市场定位所依据的原则也不同。总的来讲，市场定位所依据的原则有以下四点：

(1)根据具体的产品特点定位。构成产品内在特色的许多因素都可以作为市场定位所依据的原则。比如所含成分、材料、质量、价格等。“七喜”汽水的定位是“非可乐”，强调它是不含咖啡因的饮料，与可乐类饮料不同。“泰宁诺”止痛药的定位是“非阿司匹林的止痛药”，显示药物成分与以往的止痛药有本质的差异。一件仿皮皮衣与一件真正的水貂皮衣的市场定位自然不会一样，同样，不锈钢餐具若与纯银餐具定位相同，也是难以令人置信的。

(2)根据特定的使用场合及用途定位。为老产品找到一种新用途，是为该产品创造新的市场定位的好方法。小苏打曾一度被广泛地用作家庭的刷牙剂、除臭剂和烘焙配料，已有不少的新产品代替了小苏打的上述一些功能。我们曾经介绍了小苏打可以定位为冰箱除臭剂，另外还有公司把它当作了调味汁和卤肉的配料，更有公司发现它可以作为冬季流行性感冒患者的饮料。我国曾有一家生产“曲奇饼干”的厂家最初将其产品定位为家庭休闲食品，后来又发现不少顾客购买是为了馈赠，又将之定位为礼品。

(3)根据顾客得到的利益定位。产品提供给顾客的利益是顾客最能切实体验到的，也可以用作定位的依据。1975 年，美国米勒(Miller)推出了一种低热量的“Lite”牌啤酒，将其定位为喝了不会发胖的啤酒，迎合了那些经常饮用啤酒而又担心发胖的人的需要。

(4)根据使用者类型定位。企业常常试图将其产品指向某一类特定的使用者，以便根据这些顾客的看法塑造恰当的形象。美国米勒啤酒公司曾将其原来唯一的品牌“高生”啤酒定位于“啤酒中的香槟”，吸引了许多不常饮用啤酒的高收入妇女。后来发现，占 30% 的狂饮者大约消费了啤酒销量的 80%，于是，该公司在广告中展示石油工人钻井成功后狂欢的镜头，还有年轻人在沙滩上冲刺后开怀畅饮的镜头，塑造了一个“精力充沛的形象”。在广告中提出“有空就喝米勒”，从而成功占领啤酒狂饮者市场达10年之久。事实上，许多企业进行市场定位依据的原则往往不止一个，而是多个原则同时使用。因此，要体现企业及其产品的形象，市场定位必须是多维度、多层次的。

7. 运用

解决定位问题，能帮助企业解决营销组合问题。营销组合(产品、价格、分销、促销)是定位战略战术运用的结果。

8. 方法

(1)区域定位。区域定位是指企业在进行营销策略时，应当为产品确立要进入的市场区域，即确定该产品是进入国际市场、全国市场，还是在某市场、某地等。只有找准了自己的市场，才会使企业的营销计划获得成功。

(2)阶层定位。每个社会都包含有许多社会阶层，不同的阶层有不同的消费特点和消费需求，企业的产品究竟面向什么阶层，是企业在选择目标市场时应考虑的问题。根据不同的标准，可以对社会上的人进行不同的阶层划分，如按知识分，就有高知阶层、中知阶层和低知阶层。进行阶层定位，就是要牢牢把握住某一阶层的需求特点，从营销的各个层面上满足他们的需求。

(3)职业定位。职业定位是指企业在制定营销策略时要考虑将产品或劳务销售给什么职业的人。将饲料销售给农民及养殖户，将文具销售给学生，这是非常明显的，而真正能产生营销效益的往往是那些不明显的、不易被察觉的定位。在进行市场定位时要有一双善于发现的眼睛，及时发现竞争者的视觉盲点，这样可以在定位领域内获得巨大的收获。

(4)个性定位。个性定位是考虑把企业的产品如何销售给那些具有特殊个性的人。这时，选择一部分具有相同个性的人作为自己的定位目标，针对他们的爱好实施营销策略，可以取得最佳的营销效果。

(5)年龄定位。在制定营销策略时，企业还要考虑销售对象的年龄问题。不同年龄段的人，有自己不同的需求特点，只有充分考虑到这些特点，满足不同消费者要求，才能够赢得消费者。如对于婴儿用品，营销策略应针对母亲而制定，因为婴儿用品多是由母亲来实施购买的。

(四)重新定位

企业的产品在市场上定位即使很恰当，但在下列情况下，还应考虑重新定位：

(1)竞争者推出的新产品定位于本企业产品附近，侵占了本企业产品的部分市场，使本企业产品的市场占有率下降。

(2)消费者的需求或偏好发生了变化，使本企业产品销售量骤减。重新定位是指企业为已在某市场销售的产品重新确定某种形象，以改变消费者原有的认识，争取有利的市场地位的活动。如某日化厂生产婴儿洗发剂，以强调该洗发剂不刺激眼睛来吸引有婴儿的家庭。但随着出生率的下降，销售量减少。为了增加销售，该企业将产品重新定位，强调使用该洗发剂能使头发松软有光泽，以吸引更多、更广泛的购买者。重新定位对于企业适应市场环境、调整市场营销战略是必不可少的，可以视为企业的战略转移。重新定位可能导致产品的名称、价格、包装和品牌的更改，也可能导致产品用途和功能上的变动，企业必须考虑定位转移的成本和新定位的收益问题。

二、市场调查

1. 定义

市场调查(Marketing Research)就是指运用科学的方法，有目的地、有系统地搜集、记录、整理有关市场营销信息和资料，分析市场情况，了解市场的现状及其发展趋势，为市场预测和营销决策提供客观的、正确的资料。包括市场环境调查、市场状况调查、销售可能性调查，还可对消费者及消费需求、企业产品、产品价格、影响销售的社会和自然因素、销售渠道等开展调查。国内还有其他的方法，比如“市场研究”“营销研究”“市场调研”，等等。

2. 市场调查的内容

市场调查的内容涉及市场营销活动的整个过程，主要包括有：

(1)市场环境的调查。市场环境调查主要包括经济环境、政治环境、社会文化环境、科学环境和自然地理环境等。具体的调查内容可以是市场的购买力水平，经济结构，国家的方针、政策和法律法规，风俗习惯，科学发展动态，气候等各种影响市场营销的因素。

(2)市场需求调查。市场需求调查主要包括消费者需求量调查、消费者收入调查、消费结构调查、消费者行为调查，如消费者为什么购买、购买什么、购买数量、购买频率、购买时间、购买方式、购买习惯、购买偏好和购买后的评价等。

(3)市场供给调查。市场供给调查主要包括产品生产能力调查、产品实体调查等。具体为某一产品市场可以提供的产品数量、质量、功能、型号、品牌等，生产供应企业的情况等。

(4) 市场营销因素调查。市场营销因素调查主要包括产品、价格、渠道和促销的调查。产品的调查主要有了解市场上新产品开发的情况、设计的情况、消费者使用的情况、消费者的评价、产品生命周期阶段、产品的组合情况等。产品的价格调查主要有了解消费者对价格的接受情况，对价格策略的反应等。渠道调查主要包括了解渠道的结构、中间商的情况、消费者对中间商的满意情况等。促销活动调查主要包括各种促销活动的效果，如广告实施的效果、人员推销的效果、营业推广的效果和对外宣传的市场反应等。

(5) 市场竞争情况调查。市场竞争情况调查主要包括对竞争企业的调查和分析，了解同类企业的产品、价格等方面的情况，他们采取了怎样的竞争手段和策略，做到知己知彼，通过调查帮助企业确定企业的竞争策略。

三、SWOT 分析

SWOT(Strengths、Weaknesses、Opportunities、Threats) 分析法，又称为态势分析法或优劣势分析法，用来确定企业自身的竞争优势(Strengths)、竞争劣势(Weaknesses)、机会(Opportunities)和威胁(Threats)，从而将公司的战略与公司内部资源、外部环境有机地结合起来。主流商管教育均将 SWOT 分析法作为一种常用的战略规划工具包含在内。

所谓 SWOT 分析，即基于内外部竞争环境和竞争条件的态势分析，就是将与研究对象密切相关的各种主要内部优势、劣势和外部的机会和威胁等，通过调查列举出来，并依照矩阵形式排列，然后用系统分析的思想，把各种因素相互匹配起来加以分析，从中得出一系列相应的结论，而结论通常带有一定的决策性。运用这种方法，可以对研究对象所处的情景进行全面、系统、准确的研究，从而根据研究结果制定相应的发展战略、计划以及对策等。

S、W 是内部因素，O、T 是外部因素。按照企业竞争战略的完整概念，战略应是一个企业“能够做的”(即组织的强项和弱项)和“可能做的”(即环境的机会和威胁)之间的有机组合。

SWOT 分析方法从某种意义上来说隶属于企业内部分析方法，即根据企业自身的既定内在条件进行分析。SWOT 分析有其形成的基础。著名的竞争战略专家迈克尔·波特提出的竞争理论从产业结构入手对一个企业“可能做的”方面进行了透彻的分析和说明；而能力学派管理学家则运用价值链解构企业的价值创造过程，注重对公司的资源和能力的分析。SWOT 分析，就是在综合了前面两者的基础上，以资源学派学者为代表，将公司的内部分析(即 20 世纪 80

年代中期管理学界权威们所关注的研究取向，以能力学派为代表）与产业竞争环境的外部分析（即更早期战略研究所关注的中心主题，以安德鲁斯与迈克尔·波特为代表）结合起来，形成了自己结构化的平衡系统分析体系。与其他的分析方法相比较，SWOT分析从一开始就具有显著的结构化和系统性的特征。就结构化而言，首先在形式上，SWOT分析法表现为构造SWOT结构矩阵，并对矩阵的不同区域赋予了不同分析意义；其次在内容上，SWOT分析法的主要理论基础也强调从结构分析入手对企业的外部环境和内部资源进行分析。另外，早在SWOT诞生之前的20世纪60年代，就已经有人提出过SWOT分析中涉及的内部优势、弱点，外部机会、威胁这些变化因素，但只是孤立地对它们加以分析。SWOT方法的重要贡献就在于用系统的思想将这些似乎独立的因素相互匹配起来进行综合分析，使得企业战略计划的制订更加科学全面。

SWOT方法自形成以来，广泛应用于战略研究与竞争分析，成为战略管理和竞争情报的重要分析工具。分析直观、使用简单是它的重要优点。即使没有精确的数据支持和更专业化的分析工具，也可以得出有说服力的结论。但是，正是这种直观和简单，使得SWOT不可避免地带有精度不够的缺陷。例如SWOT分析采用定性方法，通过罗列S、W、O、T的各种表现，形成一种模糊的企业竞争地位描述。以此为依据作出的判断，不免带有一定程度的主观臆断。所以，在使用SWOT方法时要注意方法的局限性，在罗列作为判断依据的事实时，要尽量真实、客观、精确，并提供一定的定量数据弥补SWOT定性分析的不足，构造高层定性分析的基础。

四、竞争战略

“竞争战略”是由当今全球第一战略权威、被誉为“竞争战略之父”的美国学者迈克尔·波特（Michael E. Porter）于1980年在其出版的《竞争战略》（“Competitive Strategy”）一书中提出，属于企业战略的一种，它是指企业在同一使用价值的竞争上采取进攻或防守的长期行为。波特为商界人士提供了三种卓有成效的竞争战略，它们是成本领先战略、差别化战略和聚焦战略。波特的竞争战略研究开创了企业经营战略的崭新领域，对全球企业发展和管理理论研究的进步，都做出了重要的贡献。

（一）成本领先战略

成本领先战略（Overall Cost Leadership）也称为低成本战略，是指企业通过有效途径降低成本，使企业的全部成本低于竞争对手的成本，甚至是在同行业中最低的成本，从而获取竞争优势的一种战略。根据企业获取成本优势的方法不同，成本领先战略可以概括为如下几种主要类型：

1. 简化产品型成本领先战略，就是使产品简单化，即将产品或服务中添加的花样全部取消。

2. 改进设计型成本领先战略。

3. 材料节约型成本领先战略。

4. 人工费用降低型成本领先战略。

5. 生产创新及自动化型成本领先战略。

（二）差异化战略

差异化战略（Differentiation Strategy）又称别具一格战略、差别化战略，是将公司提供的产品或服务差异化，形成一些在全产业范围中具有独特性的东西。实现差异化战略可以有许多方式，如品牌形象、技术特点、外观特点、客户服务、经销网络及其他方面的独特性。其内容包括：

1. 追求产品品质的优异化，创造独家所有，确保市场占有率小而投资回报率高。

2. 追求产品可靠度的优异化，产品稳定、可靠、标准化。

3. 追求产品专利权的优异化，以专利保护技术创新，以此区隔市场。

4. 追求产品创新力的优异化，技术第一，是最先进的产品。

5. 追求产品周边服务的优异化，创造特性和附属性功能。

6. 追求售前和售后服务的优异化。

7. 追求品牌的优异化，强调产品的品牌诉求。

（三）聚焦战略

聚焦战略（Focus Strategy）是指把经营战略的重点放在一个特定的目标市场上，为特定的地区或特定的购买者集团提供特殊的产品或服务。即指企业集中使用资源，以快于过去的增长速度来增加某种产品的销售额和市场占有率。该战略的前提思想是：企业业务的专一化，能以更高的效率和更好的效果为某一狭窄的细分市场服务，从而超越在较广阔范围内竞争的对手们。这样可以避免大而弱的分散投资局面，容易形成企业的核心竞争力。

聚焦战略追求的目标不是在较大的市场上占有较小的市场份额，而是在一个或几个市场上有较大的甚至是领先的市场份额。其优点是适应了本企业资源有限这一特点，可以集中力量向某一特定子市场提供最好的服务，而且经营目标集中，管理简单方便。使企业经营成本得以降低，有利于集中使用企业资源，实现生产的专业化，实现规模经济的效益。

聚焦战略营销对环境的适应能力较差，有较大风险，放弃了其他市场机会。如果目标市场突然变化，如价格猛跌，购买者兴趣转移等，企业就有可能陷入困境。集中单一产品或服务的增长战略风险较大，因为一旦企业的产品或服务市场萎缩，企业就会面临困境。因此，企业在使用单一产品或服务的集中增长战略时要谨慎。

企业在实施聚焦战略时，一定要审视自身的状况，看看是否适合聚焦战略。聚焦战略的实施适用条件如下：

(1)具有完全不同的用户群。

(2)在相同的目标市场群中，其他竞争对手不打算实行重点集中的战略。

(3)企业的资源不允许其追求广泛的细分市场。

(4)行业中各细分部分在规模、成长率、获得能力方面存在很大的差异。

五、五力分析模型

五力分析模型由迈克尔·波特(Michael Porter)于20世纪80年代初提出，对企业战略制定产生全球性的深远影响，用于竞争战略的分析，可以有效地分析客户的竞争环境(如图4-1所示)。五力分别是：供应商的议价能力、购买者的议价能力、潜在竞争者进入的能力、替代品的替代能力、行业内竞争者现在的竞争能力。五种力量的不同组合变化最终影响行业利润潜力变化。五种力量模型将大量不同的因素汇集在一个简便的模型中，以此分析一个行业的基本竞争态势。五种力量模型确定了竞争的五种主要来源，即供应商和购买者的议价能力，潜在进入者的威胁，替代品的威胁，以及最后一点，来自目前在同一行业的公司间的竞争。一种可行战略的提出首先应该包括确认

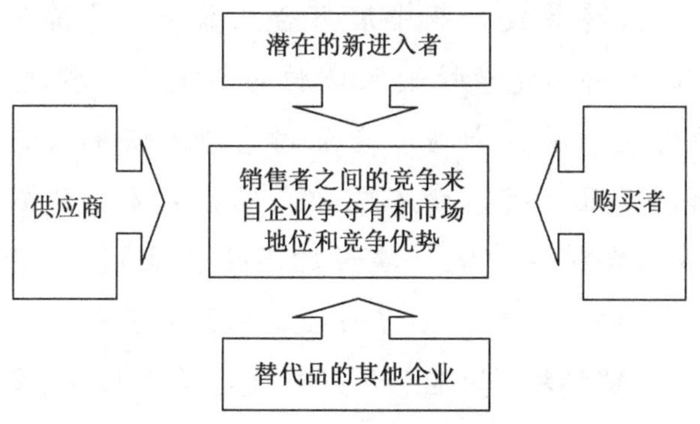

图4-1　五力分析模型图

并评价这五种力量，不同力量的特性和重要性因行业和公司的不同而变化。

1. 供应商的议价能力

供方主要通过提高投入要素价格与降低单位价值质量的能力，来影响行业中现有企业的盈利能力与产品竞争力。供方力量的强弱主要取决于他们所提供给买主的是什么投入要素，当供方所提供的投入要素价值构成了买主产品总成本的较大比例、对买主产品生产过程非常重要、或者严重影响买主产品的质量时，供方对于买主的潜在讨价还价力量就大大增强。一般来说，满足如下条件的供方集团会具有比较强大的讨价还价力量：供方行业被一些具有比较稳固的市场地位而不受市场激烈竞争困扰的企业所控制，其产品的买主很多，以至于每一单个买主都不可能成为供方的重要客户。供方各企业的产品各具有一定特色，以至于买主难以转换或转换成本太高，或者很难找到可与供方企业产品相竞争的替代品。供方能够方便地实行前向联合或一体化，而买主难以进行后向联合或一体化。

2. 购买者的议价能力

购买者主要通过其压价与要求提供较高的产品或服务质量的能力，来影响行业中现有企业的盈利能力。一般来说，满足如下条件的购买者可能具有较强的讨价还价力量：购买者的总数较少，而每个购买者的购买量较大，占了卖方销售量的很大比例；卖方行业由大量相对来说规模较小的企业所组成；购买者所购买的基本上是一种标准化产品，同时向多个卖主购买产品在经济上也完全可行；购买者有能力实现后向一体化，而卖主不可能前向一体化。

3. 新进入者的威胁

新进入者在给行业带来新生产能力、新资源的同时，将希望在已被现有企业瓜分完毕的市场中赢得一席之地，这就有可能会与现有企业发生原材料与市场份额的竞争，最终导致行业中现有企业盈利水平降低，严重的话还有可能危及这些企业的生存。竞争性进入威胁的严重程度取决于两方面的因素，即进入新领域的障碍大小及预期现有企业对于进入者的反应情况。进入障碍主要包括规模经济、产品差异、资本需要、转换成本、销售渠道开拓、政府行为与政策(如国家综合平衡、统一建设的石化企业)、不受规模支配的成本劣势(如商业秘密、产供销关系、学习与经验曲线效应等)、自然资源(如冶金业对矿产的拥有)、地理环境(如造船厂只能建在海滨城市)等方面，这其中有些障碍是很难借助复制或仿造的方式来突破的。预期现有企业对进入者的反应情况，主要是采取报复行动的可能性大小，则取决于有关厂商的财力情况、报复记录、固定资产规模、行业增长速度等。总之，新企业进入一个行业的可能性大小，取决于进入者主观估计进入所能带来的潜在利益、所需花费的代价与所要承担的风险这三者的相对大小情况。

4. 替代品的威胁

两个处于同行业或不同行业中的企业，可能会由于所生产的产品是互为替代品，从而在它们之间产生相互竞争行为，这种源自于替代品的竞争会以各种形式影响行业中现有企业的竞争战略。首先，现有企业产品售价以及获利潜力的提高，将由于存在着能被用户方便接受的替代品而受到限制；第二，由于替代品生产者的侵入，使得现有企业必须提高产品质量、或者通过降低成本来降低售价、或者使其产品具有特色，否则其销量与利润增长的目标就有可能受挫；第三，源自替代品生产者的竞争强度，受产品买主转换成本高低的影响。总之，替代品价格越低、质量越好、用户转换成本越低，其所能产生的竞争压力就越强；而这种来自替代品生产者的竞争压力的强度，可以具体通过考察替代品销售增长率、替代品厂家生产能力与盈利扩张情况来加以描述。

5. 同业竞争者的竞争程度

大部分行业中的企业，相互之间的利益都是紧密联系在一起的，作为企业整体战略一部分的各企业竞争战略，其目标都在于使得自己的企业获得相对于竞争对手的优势，所以，在实施中就必然会产生冲突与对抗现象，这些冲突与对抗就构成了现有企业之间的竞争。现有企业之间的竞争常常表现在价格、广告、产品介绍、售后服务等方面，其竞争强度与许多因素有关。

一般来说，出现下述情况将意味着行业中现有企业之间的竞争加剧，这就是：行业进入障碍较低，势均力敌竞争对手较多，竞争参与者范围广泛；市场趋于成熟，产品需求增长缓慢；竞争者企图采用降价等手段促销；竞争者提供几乎相同的产品或服务，用户转换成本很低；一个战略行动如果取得成功，其收入相当可观；行业外部实力强大的公司在接收了行业中实力薄弱企业后，发起进攻性行动，结果使得刚被接收的企业成为市场的主要竞争者；退出障碍较高，即退出竞争要比继续参与竞争代价更高。在这里，退出障碍主要受经济、战略、感情以及社会政治关系等方面的影响，具体包括：资产的专用性、退出的固定费用、战略上的相互牵制、情绪上的难以接受、政府和社会的各种限制等。

行业中的每一个企业或多或少都必须应付以上各种力量构成的威胁，而且客户必然面对行业中的每一个竞争者的举动。除非认为正面交锋有必要而且有益处，例如要求得到很大的市场份额，否则客户可以通过设置进入壁垒，包括差异化和转换成本来保护自己。当一个客户确定了其优势和劣势时(参见SWOT分析)，客户必须进行定位，以便因势利导，而不是被预料到的环境因素变化所损害，如产品生命周期、行业增长速度等，然后保护自己并做好准备，以有效地对其他企业的举动做出反应。

根据上面对于五种竞争力量的讨论，企业应尽可能地将自身的经营与竞争力量隔绝开来，努力从自身利益需要出发影响行业竞争规则、先占领有利的市场地位再发起进攻性竞争行动。五力分析模型中一般战略的关系比较见表4－1。

表4－1　五力分析模型中一般战略的关系比较

行业内的五种力量	一般战略		
	成本领先战略	产品差异化战略	集中战略
进入障碍	具备杀价能力以阻止潜在对手的进入	培育顾客忠诚度以挫伤潜在进入者的信心	通过集中战略建立核心能力以阻止潜在对手的进入
买方侃价能力	具备向大买家出更低价格的能力	因为选择范围小而削弱了大买家的谈判能力	因为没有选择范围使大买家丧失谈判能力
供方侃价能力	更好地抑制大卖家的侃价能力	更好地将供方的涨价部分转嫁给顾客方	进货量低，供方的侃价能力就高，但集中差异化的公司能更好地将供方的涨价部分转嫁出去
替代品的威胁	能够利用低价抵御替代品	顾客习惯于一种独特的产品或服务，因而降低了替代品的威胁	特殊产品的核心能力能够防止替代品的威胁
行业内对手的竞争	能更好地进行价格竞争	品牌忠诚度能使顾客不理睬你的竞争对手	竞争对手无法满足集中差异化顾客的需求

六、竞争战略轮盘

1．竞争战略轮盘模型概述

迈克尔·波特在其《竞争战略》一书中谈到的“竞争战略轮盘”(如图4－2所示)。他认为，竞争战略是公司为之奋斗的一些终点(目标)与公司为达到他们而寻求的途径(政策)的结合物。

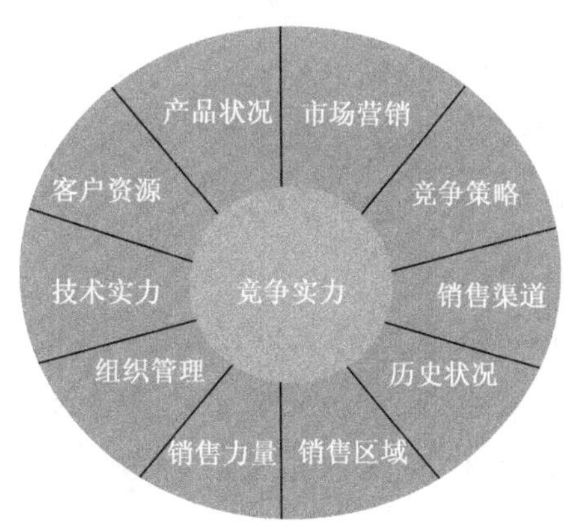

图 4-2　迈克尔·波特的竞争战略轮盘图

2．竞争战略轮盘的内在关系

轮盘处是企业的总目标(利润增长、市场份额、社会效应)，各种子目标及其战略围绕着总目标构成战略总体，辐条处是用来达到这些目标的主要经营方针。在轮盘的每一栏目中，应当根据企业的活动简要说明在该职能范围中的主要经营方针。经营方针的具体化所形成的各种战略观念即可用于指导企业的整个行动。这个关系就像一个车轮，轮轴与辐条联成一个整体，轮轴通过辐条来实现其转动。

根据企业业务性质的不同，管理层在阐明主要经营方针时会或多或少融入些特色。这些方针一旦具体化，战略观念就可用来指导企业的整个行动。正如一个车轮，辐条(方针)出自轮毂又反射回轮毂目标，并且辐条必须相互连接，否则车轮无法转动。

3．运用竞争战略轮盘应注意的因素

竞争战略轮盘的确定必须充分考虑轮轴与辐条以及辐条之间的协调性。

第一，注意内部一致性。轮盘中的目标能否协同达到？各经营战略方针之间是否相互促进？

第二，注意外部环境适应性。轮盘目标是否适应产业机遇？面临的产业威胁及风险如何？是否适应产业演变的影响？

第三，注意资源适应性。目标与战略方针是否与企业可拥有的资源相吻合？企业组织是否具备应变能力？

第四，注意企业内部沟通。战略目标是否为主要执行部门及人员所理解？

战略行动能否上下协调一致？以上这些问题均是在构成竞争战略轮盘时应广泛注意的因素。

4. 如何运用波特竞争战略轮盘分析企业竞争实力

迈克尔·波特教授的“竞争战略轮盘模型”中将竞争实力分为客户资源、产品状况、市场营销、销售渠道、竞争策略、历史状况、销售区域、销售力量、组织管理、技术实力等方面。

(1)客户资源。衡量一个企业的客户资源可以从数量和质量两方面来进行。如果一个企业仅仅拥有一个较大的客户数量，但是其客户质量却远远逊于另一个只拥有有限数量的企业时，并不能说第一个企业在客户资源竞争中优于第二个企业。

(2)产品状况。可以说产品状况是一个企业生产发展不断进步的立足点，如果没有好的产品，一个企业是无法长期在市场上生存的。企业的产品状况可以从企业的产品线、产品质量以及上游企业的支持力度来考量。产品的质量和性能是一个企业赢得市场竞争最重要的因素之一。在未来的发展中，谁能够率先研制出优质的高端产品，谁就抢占了市场。

(3)市场营销。现代市场营销主要是从产品、价格和渠道这三个方面来考虑。在产品方面，由于现在基础型产品成为主流，产品差异化程度下降，在市场竞争中的地位远不如价格和渠道。价格方面，运营商的资金有限，自然希望能够用最低的价位获得相应的产品，因此产品的价格优势将会在极大的程度上左右着营销优势。

(4)市场竞争策略。所谓的市场竞争策略并不是针对所有企业的，而是仅仅针对本企业最大的竞争对手所制定的竞争策略。

(5)历史状况。所谓企业的历史状况也就是企业在本行业的发展历程。

(6)销售区域。产品的销售区域对于企业的竞争力也有很大的影响。中国国土面积很大，地区间的差异也十分明显，同样的产品在不同的销售区域在竞争力上会有很大的差别。

(7)技术实力。考察一个企业的技术实力大多从以下三个方面进行：一是企业现有的技术实力、二是企业的研发实力、三是企业未来的技术发展方向。一个企业只有拥有雄厚的技术实力，才能够实现产品的不断升级换代，才能够从生产上做到降低产品成本，取得竞争的胜利。

一、实验简介

学生在实验三中学习了在市场投入与产品销售环节的资金分配，让学生在不断试错和调整中寻找资本收益最大化的资金平衡点，这种方法在现实营销策略中有很大缺陷。这样分阶段的实验安排只是为了让学生在不同实验中学习和掌握不同的知识点。

本实验用手机做完整的产品营销实验。为让学生学习和制定完整的营销战略，本实验首先在进行市场调查和市场分析的基础上，制定整体营销战略，再将资金合理分配到市场投入与产品销售环节，寻求资本收益最大化。

学生通过前面几个实验，知识点由少到多，实验难度根据实验不同在降低，已基本掌握4P理论和产品销售模式，本实验在市场调查和市场分析基础上，在市场投入与产品销售中进行有限资金分配，以寻求资本收益最大化。

二、实验目的

1. 是市场调查和市场分析的基本方法。

2. 是在市场调查和市场分析基础上，寻找资本收益最大化的市场投入与产品销售的资金投入比例。

3. 是学习制定完整的营销策略的方法和过程，并在实验中不断完善。

三、实验安排

1. 实验时间：20课时。

2. 实验产品：手机。

3. 实验时间可根据具体情况做调整，可调整实验年数，增加或减少实验时间。

四、实验准备

1. 老师的实验准备

(1)选择产品手机，建立实验名称“战略性营销分析与应用”。

(2)控制实验资金总额为3 000 W。

(3)实验运营5年。

实验的第 1 年，学生只能做单一区域，低档次。

实验的第 2 年，学生做多区域单一档次。

实验的第 3 年之后，学生可以做多区域多档次。

(4)第 2 年，低档次 40%，中档次 30%，高档次 30%。第 3 年之后，低档次 30%，中档次 35%，高档次 35%。渠道需求修改如图 4－3 所示。

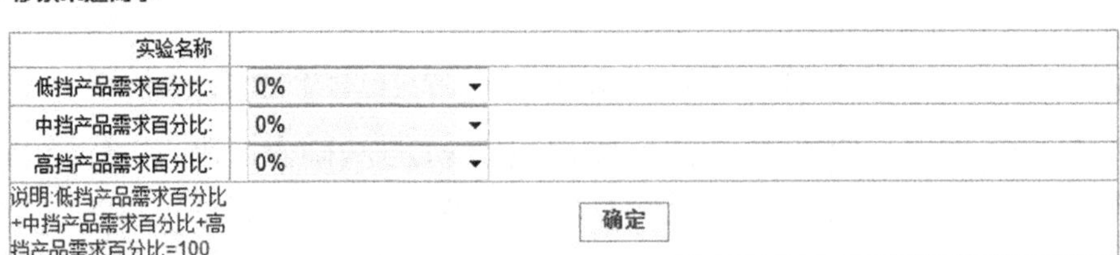

修改渠道需求

实验名称	
低挡产品需求百分比:	0%
中挡产品需求百分比:	0%
高挡产品需求百分比:	0%
说明:低挡产品需求百分比+中挡产品需求百分比+高挡产品需求百分比=100	确定

图 4－3　渠道需求修改示意图

(5)导入系统提供的标书，如图 4－4、图 4－5 所示。在学生实验过程中教师可以有选择性地增加或减少标书的数量。

可导入标书列表

按区域查询: 全部区域　按产品等级查询: 全部档次　按信用等级查询: 全部等级　查询

全选　反选　批量导入标书

选择	标题	标书详情	区域	产品档次	信用等级	请选择投标截止日期	操作
□	广州至高理念	查看	华南地区	低档	AA	2012 年	导入该标书
□	佛山中天	查看	华南地区	低档	AA	2012 年	导入该标书
□	汕头联创	查看	华南地区	低档	AA	2012 年	导入该标书
□	上海亿维广告	查看	华北地区	低档	AAA	2012 年	导入该标书
□	衢州埃菲姆	查看	华东地区	低档	B	2012 年	导入该标书
□	北京昊海融星	查看	华北地区	低档	B	2012 年	导入该标书
□	北京金智盈	查看	华北地区	低档	B	2012 年	导入该标书
□	七彩云南实业	查看	西南地区	低档	C	2012 年	导入该标书
□	360保健品网	查看	西南地区	低档	C	2012 年	导入该标书
□	九十九号网络广告	查看	西北地区	低档	A	2012 年	导入该标书
□	陕西博德电子	查看	西北地区	低档	A	2012 年	导入该标书
□	安博教育科技	查看	华中地区	低档	AAA	2012 年	导入该标书
□	嬴成广告	查看	东北地区	低档	AA	2012 年	导入该标书
□	中企动力	查看	东北地区	低档	AA	2012 年	导入该标书
□	星辉互联	查看	西北地区	中档	AAA	2012 年	导入该标书
□	天择文化传播	查看	华中地区	低档	AA	2012 年	导入该标书

图 4－4　标书导入示意图

第1年，只导入低档次产品标书，信用等级为AA及A、B，区域为实验指定区域，标书数量大于等于实验总人数÷3。

第2年，导入多区域单一档次标书，信用等级为AAA、A及B，标书数量大于等于实验总人数÷4。

第3年，导入各档次多区域标书，信用等级为AAA、AA及A，标书数量大于等于实验总人数÷5。

第4年，导入各档次多区域标书，信用等级为AAA、AA及A，标书数量大于等于实验总人数÷5。

第5年，导入各档次多区域标书，信用等级为AAA、AA及A，标书数量大于等于实验总人数÷5。

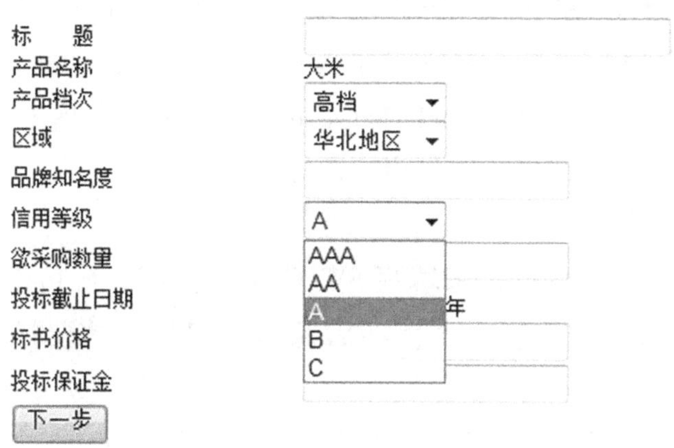

图4-5　标书内容示意图

2. 学生的实验准备

在浏览器栏输入http://服务器的名称或IP地址：8081回车进入登录界面。

五、操作讲解

战略分析是学生制定营销策略的模块，包括市场调查、市场细分、SWOT分析、竞争战略分析。

1. 市场调查

通过市场信息调查、问卷调查、竞争对手调查的结果，学生撰写市场调查报告，并提交给老师，作为综合得分的依据之一。其中市场信息调查是学生对所要进入行业背景的了解，通过对消费者属性及政府政策的调查得出不同地区、不同收入、不同年龄段的消费者对产品属性的偏好。

在竞争对手调查中，可以看到竞争对手在不同区域内的品牌知名度、市场开拓度及市场份额，这个信息对学生运营公司是非常有利的，通过了解这些信息，学生可以避开竞争对手多的、市场份额高的区域，选择竞争相对较弱，公司优势较明显的区域。而且学生在实验过程中，可以随时查看竞争对手信息，随时调整自己的经营策略。

2. 市场细分

学生根据调查报告，对其中的某一项数据进行细分，设计自己的细分笔记和 STP 报告。市场细分是从区别消费者的不同需求出发，以消费者的需求差异为出发点，根据消费者购买行为的差异性，把消费者总体市场划分为许多类似购买群体的细分市场，其目的是使学生选择和确定目标市场，实施有限的市场营销组合，从而以最少、最省的营销费用取得最佳的经营成果。细分完市场后，学生选择要进入的一个或多个细分市场，然后建立该产品的关键特征。

3. SWOT 分析

SWOT 分析根据细分笔记来填写 SWOT 分析内容，分析得出公司目前所处的优势，弱势，机会和威胁。学生在后期运营实战中需要扬长避短，把握机会，避开威胁。

4. 竞争战略分析

根据市场调查报告、STP 报告和 SWOT 分析报告，以及调查结果，学生制定自己的竞争战略报告，为后期的营销实战提供指导思想。

六、学生操作

第一步，公司注册。

学生登录系统后要先注册一家公司，如图 4－6 所示。

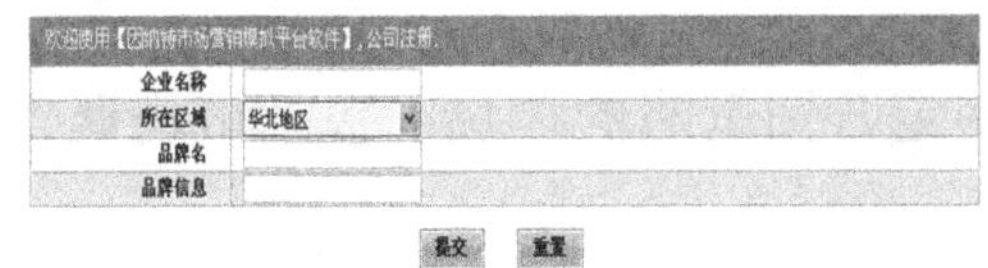

图 4－6　学生注册公司示意图

填写相应的企业名称，公司所在区域，品牌名及品牌信息，类似实验一。

第二步，战略分析。

战略分析包括四个子模块：营销环境分析，SWOT 分析，市场定位及竞争战略分析。

在本实验中，通过营销环境分析了解市场需求量情况，通过消费者调查了解消费者各种偏好，通过竞争对手调查了解竞争对手市场布局情况，通过 SWOT 分析进行市场细分，最终得到公司的市场定位方案，制定出竞争战略规划，得出每一项营销布局项目的资金分配计划。

(1)营销环境。系统按照产品档次或市场区域，给出市场需求波形图，如图 4－7 至图 4－9 所示。学生通过分析统计了解各区域各档次产品需求情况，便于后期确定目标市场(提示：以下为图形示例，学生进行具体分析时要参看系统即时生成的图形)。学生可以将第一年度市场需求调查结果记录在表 4－2。

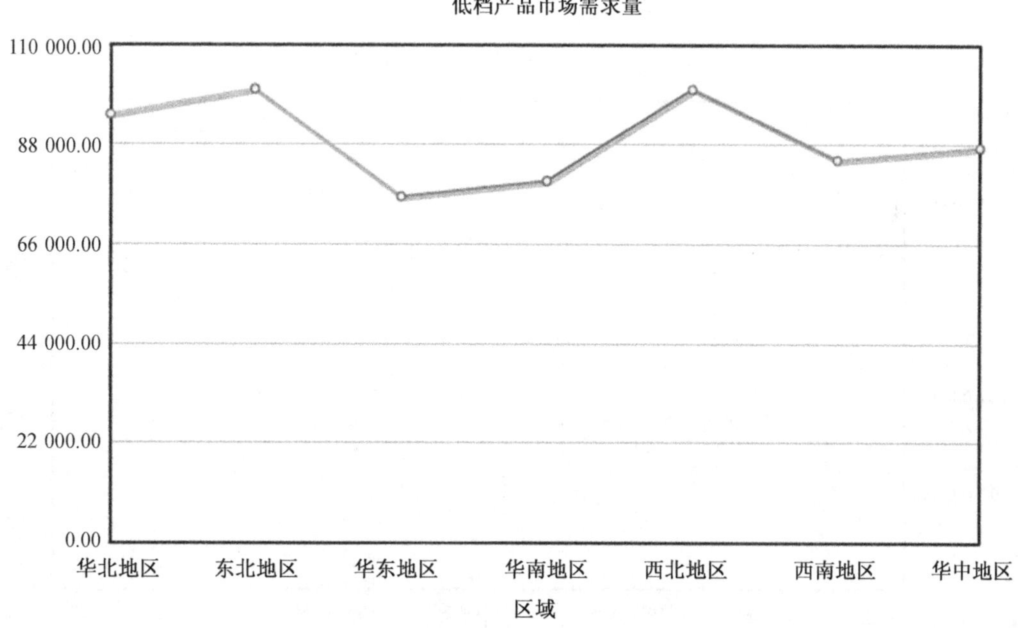

图 4－7　低档产品市场需求波形图

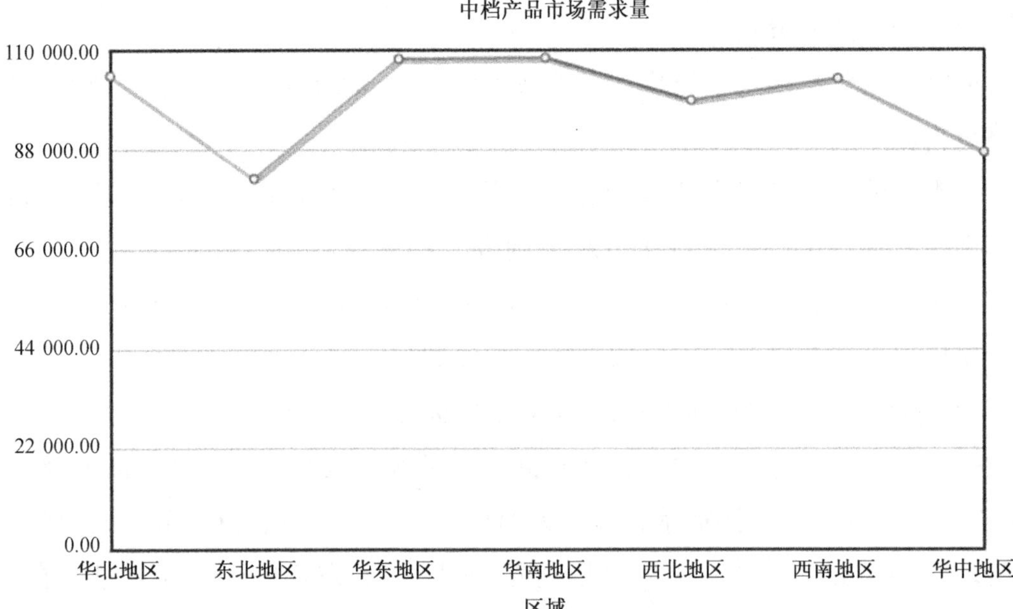

图 4－8　中档产品市场需求波形图

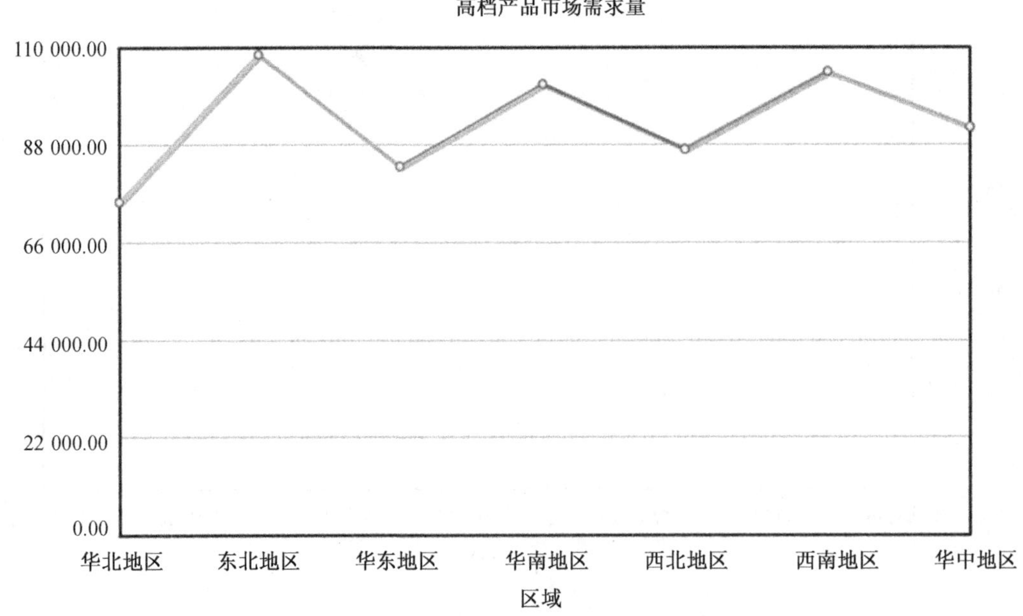

图 4－9　高档产品市场需求波形图

各区域高中低档次产品需求情况简略分析笔记：

高档

中档

低档

表 4－2　第一年度市场需求调查表

学生姓名：　　　　学号：　　　　公司名称：　　　　实验年度：1

产品档次	区域	市场需求量
低档次	华南	
	华北	
	华东	
	西南	
	西北	
	东北	
	华中	
中档次	华南	
	华北	
	华东	
	西南	
	西北	
	东北	
	华中	
高档次	华南	
	华北	
	华东	
	西南	
	西北	
	东北	
	华中	
统计		

学生通过市场调查问卷，对消费者特征信息和消费者偏好信息进行市场调研。市场调查是需要支付费用的，后台提供几十万条数据支撑学生的市场调查工作，最终以饼状图或柱状图形式展示调查结果，如图4－10所示。学生可以将消费者特征和消费者偏好调查结果记录在表4－3。

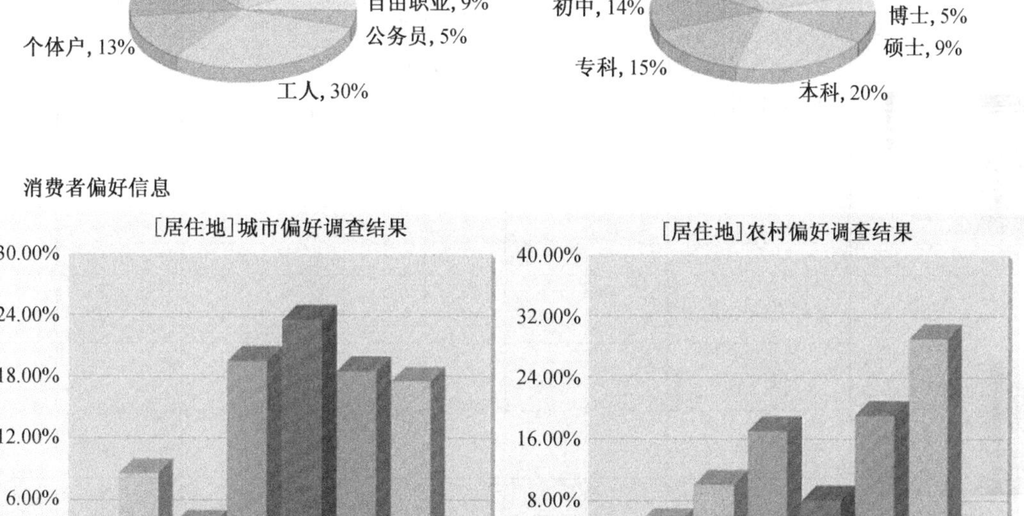

图4－10　市场调查结构示意图

表 4-3　调查结果记录表

属性		比例	外观	质量	品牌	颜色	功能	液晶屏	铃声
居住地	城镇								
	农村								
年龄	25 岁以下								
	20 ~ 50 岁								
	50 岁以上								
个人收入(元)	3 000 以下								
	3 000 ~ 5 000								
	5 000 以上								
性别	男								
	女								
职业	自由职业								
	工人								
	农民								
	个体户								
	教师								
	学生								
	公务员								
受教育程度	高中以下								
	大专 - 本科								
	研究生以上								
统计									

注：这个表格所填写的都是百分比，学生根据所调查的属性对应填写空格。

通过调查结果记录表，可以很清楚地了解不同职业、不同年龄、不同收入的消费者对手机的偏好度，学生根据这个结果制定产品策略，执行宣传策略。

市场调研情况简略分析笔记：

学生通过对竞争对手调查了解其他同学的目标市场情况，确定自己公司目标市场的策略。如图 4 - 11、图 4 - 12 所示。学生可以将竞争对手调查结果记录在表 4 - 4。

图 4 - 11　竞争对手调查示意图

竞争对手信息

公司名称：思齐电信

公司信用等级：AA　　产品档次：低档

区域	品牌知名度	市场份额	市场开拓度
华北地区	0.0000	0	1.0
东北地区	0.0000	0	1.0
华东地区	0.0000	0	4.0
华南地区	0.0000	0	1.0
西北地区	0.0000	0	1.0
西南地区	0.0000	0	1.0
华中地区	0.0000	0	1.0

图 4 - 12　竞争对手调查结果示意图

表 4-4　竞争对手调查表

姓名：　　　　学号：　　　　公司名称：　　　　　　　实验年度：

序号	竞争公司名称	负责人	营销区域	品牌知名度	市场份额	市场开拓度	信用	产品档次
1								
2								
3								
4								
5								
6								
7								
8								
9								
10								
11								
12								
13								
14								
15								

竞争对手调研情况简略分析笔记：

____

____

____

____

____

____

____

____

____

____

(2)SWOT 分析。根据消费者调查属性进行市场细分，撰写市场细分笔记，便于后期做 SWOT 分析。如图 4－13、图 4－14 所示。

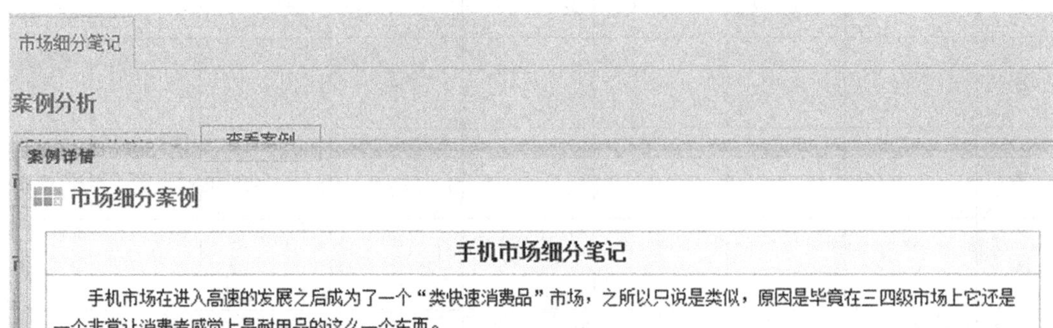
市场细分笔记

案例分析

查看案例

案例详情

市场细分案例

手机市场细分笔记

手机市场在进入高速的发展之后成为了一个“类快速消费品”市场，之所以只说是类似，原因是毕竟在三四级市场上它还是一个非常让消费者感觉上是耐用品的这么一个东西。

在一二级市场上，手机的消费已经接近了快速消费品的行列，在想占有这么一个一二级市场的厂家来说，如何分类手机产品和细化市场已经是一个不争的课题了。以下我提出自己的分类观点供大家参考：

1、手机功能的分类：

通话、短信、网络、音乐/视频、游戏、指挥等等都是手机的功能范畴，手机功能已经从一个简单的通话功能发展成为一个集成化的产品，DIY趋势非常明显，那么如何进行细化市场并达到在细化市场上的霸主地位呢?

举例先，多普达产品，从外形上看几乎没有什么别致的改变，一直坚持手写的人机对话方式，坚持这操作系统的开放性和兼容性，在功能上强大到几乎普通的商务工作都能满足的地步，其特色就是商务化，在高端市场上独领风骚，也是移动定制非常青睐的产品，代表作品：P800。

苹果品牌，在美国上市之初就出现了抢购的局面，这在手机行业内是非常罕见的了，其代表的高品质的视听音乐功能给喜爱时尚的人群带来了福音，难怪会抢购呢。代表作品：iPhone。

图 4－13　市场细分笔记示意图

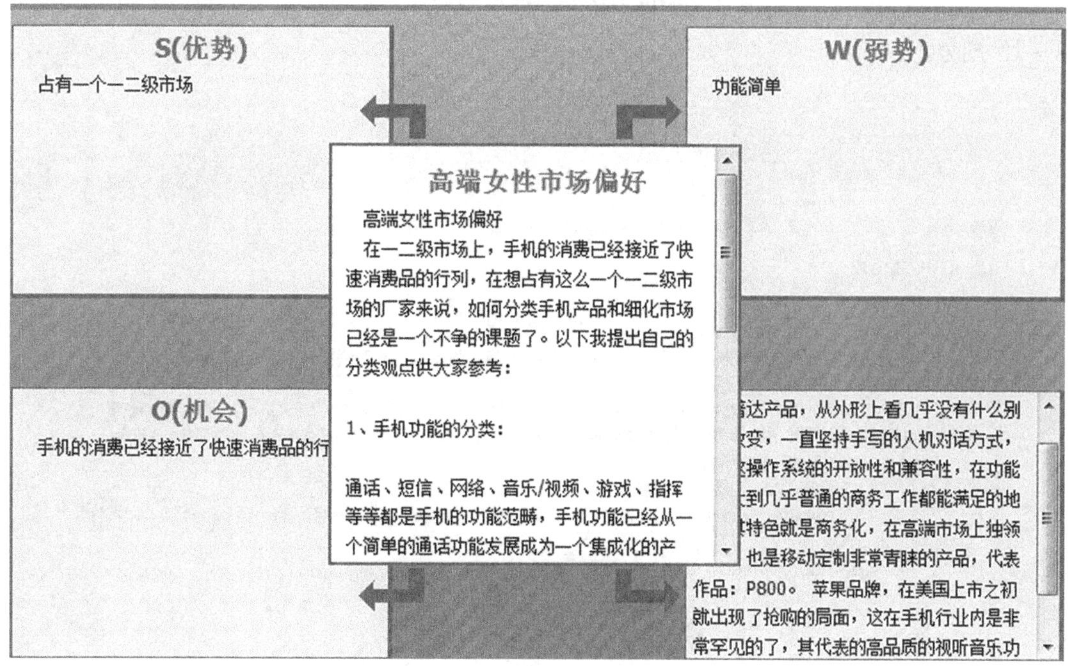

图 4－14　SWOT 分析示意图

SWOT 分析笔记：

(3)市场定位。根据市场细分及 SWOT 分析，制定公司 STP 分析，如图 4－15 所示。

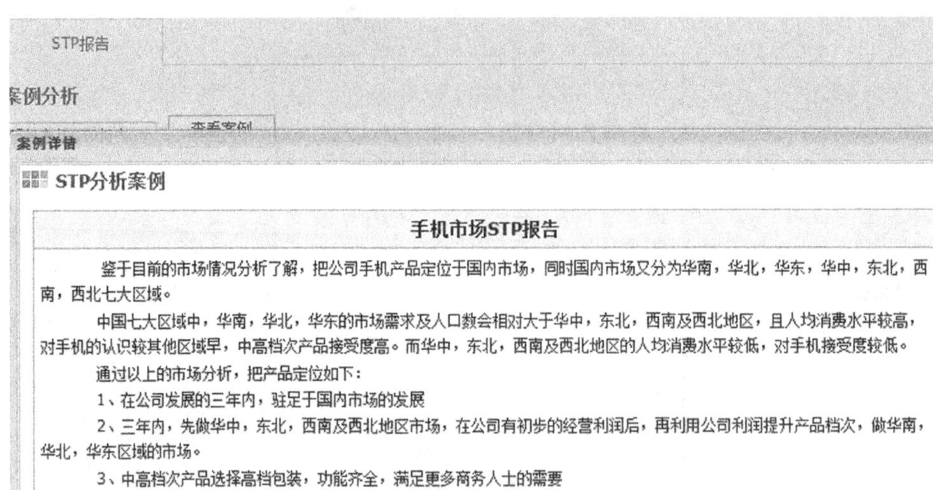

STP报告

案例分析

案例详情

STP分析案例

手机市场STP报告

鉴于目前的市场情况分析了解，把公司手机产品定位于国内市场，同时国内市场又分为华南，华北，华东，华中，东北，西南，西北七大区域。

中国七大区域中，华南，华北，华东的市场需求及人口数会相对大于华中，东北，西南及西北地区，且人均消费水平较高，对手机的认识较其他区域早，中高档次产品接受度高。而华中，东北，西南及西北地区的人均消费水平较低，对手机接受度较低。

通过以上的市场分析，把产品定位如下：

1、在公司发展的三年内，驻足于国内市场的发展

2、三年内，先做华中，东北，西南及西北地区市场，在公司有初步的经营利润后，再利用公司利润提升产品档次，做华南，华北，华东区域的市场。

3、中高档次产品选择高档包装，功能齐全，满足更多商务人士的需要

图 4－15　STP 分析示意图

最终，学生根据各区域市场需求量、需求偏好、区域竞争对手情况及公司定位、公司资金情况等，确定营销实战目标市场，如图 4－16 所示。

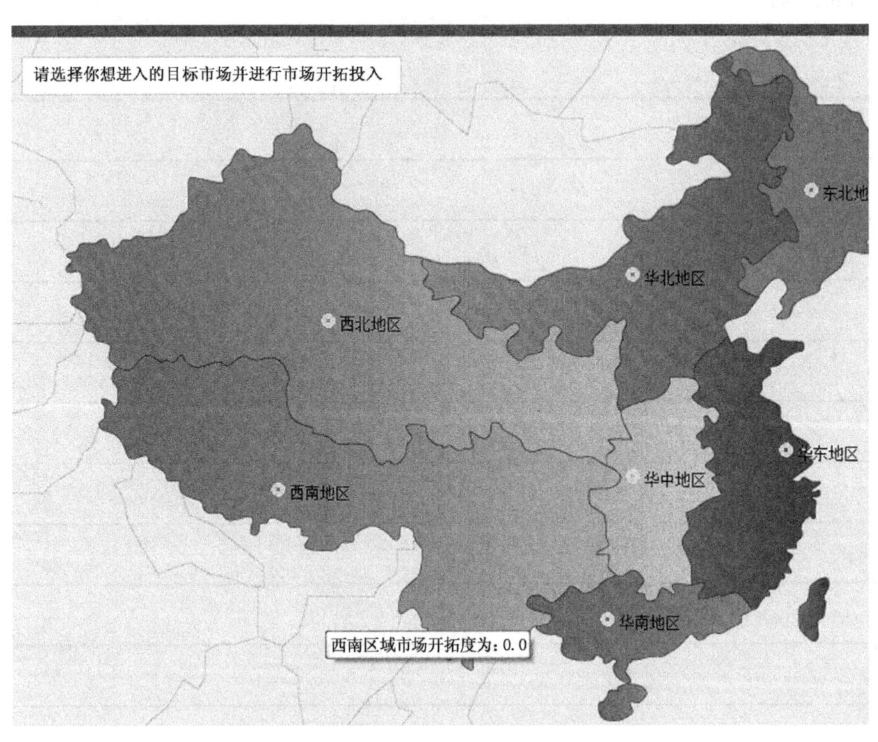

图 4－16　营销实战目标市场示意图

目标市场分析笔记：

第三步，销售前期布局。

(1)产品策略。包括产品研发、产品包装和产品生产。

①产品研发。产品研发的目的是提升产品档次，学生根据自己的经营策略综合考虑研发投入，制定合适的产品研发策略。包括自主研发和直接购买，目的是提升产品档次。当影响产品等级的指数之和为 1 时产品档次即可提升一个档次。市场有高中低档的产品需求，高档产品利润高，投入大需求小，低档产品利润少，需求相对多。学生采用什么样的产品策略，需要根据自己的运营策略来决定，如图 4 – 17、图 4 – 18 所示。

即时数据
营销环境
SWOT分析
市场定位
产品策略
产品研发
技术购买
产品包装
产品生产
价格策略
促销策略
渠道策略

研发投入 历史研发投入

投入项目	投入资金	适合产品	影响产品等级	研发失败率	操作
预置拨号功能	20000.00 元	电话机	0.0100	4.0000%	开始研发
编程电子密码锁	70000.00 元	电话机	0.1000	5.0000%	开始研发
全触摸屏按键设计	30000.00 元	电话机	0.0500	5.0000%	开始研发
无绳电话机技术	65000.00 元	电话机	0.1100	5.0000%	开始研发
磁石电话机技术	40000.00 元	电话机	0.0800	5.0000%	开始研发
语音识别声控电话机技术	100000.00 元	电话机	0.1600	5.0000%	开始研发
先进的语音压扩技术	80000.00 元	电话机	0.1200	5.0000%	开始研发
遥控操作的语音提示技术	60000.00 元	电话机	0.1900	5.0000%	开始研发
三级防雷击加强型保护电路技术	50000.00 元	电话机	0.0700	5.0000%	开始研发
夜光功能技术	6800.00 元	电话机	0.0100	3.0000%	开始研发
六万多组随机防盗密码技术	15000.00 元	电话机	0.0200	3.0000%	开始研发

图 4－17　自主研发策略示意图

即时数据
营销环境
SWOT分析
市场定位
产品策略
产品研发
技术购买
产品包装
产品生产
价格策略
促销策略
渠道策略

技术购买 历史技术购买

名称	价格	适合产品	影响产品等级	操作
全自动生产技术	300000.00 元	电话机	0.1500	引进技术
半全自操作优化技术	400000.00 元	电话机	0.2000	引进技术
手工工序优化	100000.00 元	电话机	0.0500	引进技术
管理流程流优化	150000.00 元	电话机	0.0750	引进技术
辐射标准认证	500000.00 元	电话机	0.2500	引进技术
国家标准认证	180000.00 元	电话机	0.0900	引进技术
防盗遥控报警技术	130000.00 元	电话机	0.0650	引进技术
数码录音技术	380000.00 元	电话机	0.1900	引进技术
数字无绳电话机技	600000.00 元	电话机	0.3000	引进技术
E-mail收发技术	90000.00 元	电话机	0.0450	引进技术

图 4－18　技术购买策略示意图

自主研发笔记：

技术购买笔记：

自主研发与技术购买之间的比较：

②产品包装。每个档次产品均需要选择包装，选择不同的包装花费的成本不同；包装档次会影响产品档次的提升。

产品包装笔记：

③产品生产。系统会自动计算当前档次和包装下的单个成本和最大生产能力；系统设定在一个实验周期内最多生产 10 次(老师后台可以修改)，学生需要根据市场销售情况和资金情况合理进行生产排期，如图 4－19 所示。

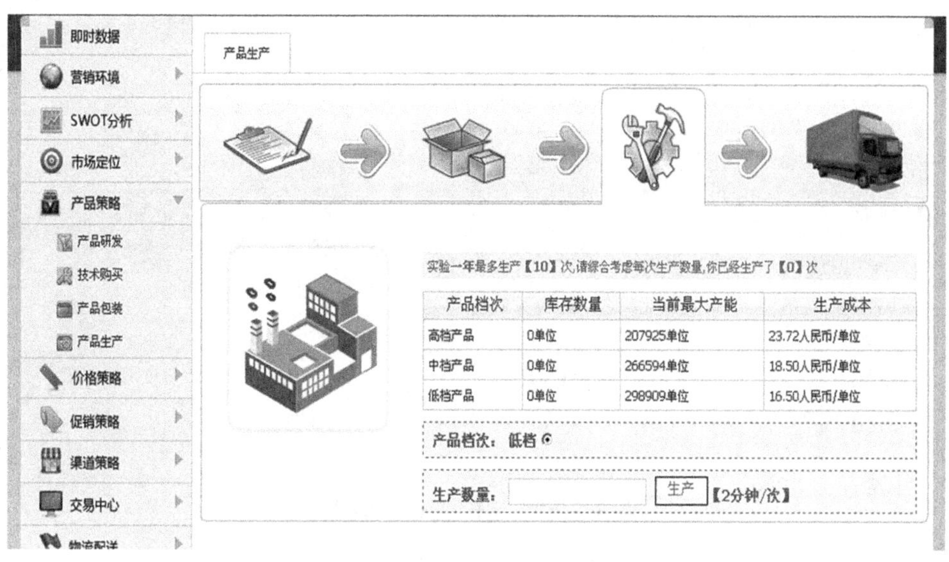

图 4－19　生产策略示意图

产品生产笔记：

(2)价格策略。在自己营销区域内对各种档次产品进行定价，系统规定每年可做一次价格调整，定价高低将影响渠道合作。学生可根据自己的营销战略规划和市场状况采用价格适中的满意策略，如图 4－20 所示。

图 4－20　定价策略示意图

价格策略笔记：

(3)促销策略。促销策略包括宣传策略、服务策略以及促销活动。其中，宣传策略的目的是提高品牌知名度，提高市场份额和增加销售量。服务策略和促销活动有助于提高营销区域覆盖范围比例，增加市场份额。软件提供多种促销方式，可通过促销活动的实施提高目标区域市场份额数量，如图 4－21 所示。

图 4－21 促销策略示意图

促销策略笔记：

（4）广告策略。广告策略的目的是提高品牌知名度和市场份额。软件提供常用的媒体宣传方式，以电视媒体为例，在自己经营的区域进行广告投放。首先点“广告内容设计”设计电视媒体广告内容，再点“电视媒体”选择投入广告的频道，输入投入广告的时长，广告时长×费用标准/每时间单位=广告费用。学生可在即时数据中查看本次广告投入影响品牌知名度的数值，如图4－22所示。

媒体名称	投放资金	收费单位	宣传有效度	所在区域	操作
凤凰卫视	15000.00 元	5秒	80.0000%	华南地区	选择该媒体
湖南卫视	6800.00 元	5秒	37.0000%	华南地区	选择该媒体
广州电视台	7800.00 元	5秒	40.0000%	华南地区	选择该媒体
广西电视台	6800.00 元	5秒	80.0000%	华南地区	选择该媒体
深圳电视台	2000.00 元	5秒	28.0000%	华南地区	选择该媒体
南方电视台	9000.00 元	5秒	40.0000%	华南地区	选择该媒体
梅州电视台	7600.00 元	5秒	20.0000%	华南地区	选择该媒体
珠海电视台	8600.00 元	5秒	30.0000%	华南地区	选择该媒体
海南电视台	10000.00 元	5秒	50.0000%	华南地区	选择该媒体
华娱电视台	15000.00 元	5秒	67.0000%	华南地区	选择该媒体
武汉电视台	8800.00 元	5秒	90.0000%	华南地区	选择该媒体
江西电视台	12000.00 元	5秒	80.0000%	华南地区	选择该媒体

图4－22　广告策略示意图

广告策略笔记：

表 4－6　第二年渠道标书要求统计表

学生姓名：　　　　学号：　　　　公司名称：　　　　实验年度：2

渠道名称/ 标书名称	采购数量	品牌知名度 要求	价格要求

表 4 –7　第三年渠道标书要求统计表

学生姓名：　　　　学号：　　　　公司名称：　　　　　　　　实验年度：3

渠道名称/ 标书名称	采购数量	品牌知名度 要求	价格要求

表 4－8　第四年渠道标书要求统计表

学生姓名：　　　　　学号：　　　　　公司名称：　　　　　　　　　　实验年度：4

渠道名称/标书名称	采购数量	品牌知名度要求	价格要求

表 4 –9　第五年渠道标书要求统计表

学生姓名：　　　　学号：　　　　公司名称：　　　　　　　　实验年度：5

渠道名称/标书名称	采购数量	品牌知名度要求	价格要求

第五步，财务管理。

系统提供收入表、支出表、收支统计图及市场占有率情况供学生参考，如图 4－25、图 4－26 所示。

查询收入情况 2015 年 查询

2015年帐户收入情况

账目名称	收入金额
渠道销售收入	867586.00
渠道销售收入	1507560.00
渠道销售收入	1293250.00

图 4－25　收入情况示意图

2015年帐户支出情况

账目名称	支出金额
情报费用	10000.00
研发投入	176000.00
研发投入	560000.00
研发投入	300000.00
研发投入	480000.00
研发投入	150000.00
研发投入	200000.00
研发投入	160000.00
研发投入	400000.00
购买技术	600000.00
购买技术	800000.00
市场开拓费用	200000.00
市场开拓费用	160000.00
市场开拓费用	420000.00
市场开拓费用	650000.00
购买媒体费用	880000.00
促销活动费用	310000.00

图 4－26　支出情况示意图

依据实验分析利润率，填写表4－10。

表4－10　利润率计算表

学生姓名：　　　　学号：　　　　公司名称：　　　　　　实验年度：1－5

年度	支出总额							收入总额			利润率
	调查支出	市场开拓费用	研发成本	广告成本	渠道成本	投标成本	生产成本	渠道收入	中标收入	交易收入	
1											
2											
3											
4											
5											

注：利润率＝(收入总额－支出总额)/原始资本

调查支出：战略分析模块中调查问卷的费用及竞争对手调查的费用。

渠道成本：指渠道的管理费用。

投标成本：指购买标书的费用。

提示：这只是实践中使用的一种思维方式，通过举例让学生明白战略性营销分析与应用。在实验过程中，学生应根据公司资金、竞争对手情况及市场需求变化随时调整自己的经营策略。每个学生调查的结果都不一样，所以每位同学都应采取不同的营销方式。

七、分析能力训练

1. 战略性营销分析的目的？

2. 通过战略性营销分析，怎样实现公司利润最大化？

八、案例学习一

市场细分的系列案例

(一)吉列公司的"雏菊刮毛刀"

提起吉列公司，长胡子的男人都不会陌生，它的创始人金·吉列先生是世界上第一副安全刮胡刀片和刀架的发明人。1907 年，吉列先生创建公司生产自己的产品，使男人刮胡子变得方便、舒适和安全，因此大受欢迎。到 1920 年，世界上已有约 2 000 万人使用吉列刮胡刀，进入 20 世纪 70 年代，吉列公司的销售额已达 20 亿美元，成为著名的跨国公司。

吉列公司进行了周密的市场调查，发现在美国 8 360 万 30 岁以上的妇女中，有 6 590 万人为了保持美好形象，要定期刮除腿毛和腋毛。在这些人之中，除去使用电动刮胡刀和脱毛剂者，有 2 300 多万人主要靠购买各种男用刮胡刀来满足此项需要，一年在这方面的花费高达 7 500 万美元。相比之下，美国妇女一年花在眉笔和眼影方面的开支为 6 300 万美元，染发剂 5 500 万美元。毫无疑问，这是一个极有潜力的市场。

根据这项调查结果，吉列公司精心设计了新产品，它的刀头部分和男用刮胡刀并无两样，采用一次性使用的双层刀片，刀架不采用男性用刮胡刀通常使用的黑色和白色，而是选取色彩绚烂的彩色塑料以增强美感。并将握柄改为利于女性使用的扁状，握柄上还印有雏菊，更加增添了几分情趣。这样一来，新产品更能显示女性的特点。

为了使"雏菊刮毛刀"迅速占领市场，吉列公司还拟定七个"卖点"到消费者之中征求意见。这些"卖点"包括：突出刮毛刀的"双刀刮毛"，突出其"完全配合妇女的需求"，其价格的"不到 50 美分"，以及表明产品使用安全的"不伤腿"，等等。最后，公司根据多数妇女的意见，选择了"不伤玉腿"作为推销时突出的重点，刊登广告进行刻意宣传。结果"雏菊刮毛刀"一炮打响，迅速畅销全美，吉列公司也因此上了一个新的台阶。

案例来源：

市场细分案例. 世界经理人论坛，http://www.ceconlinebbs.com/.

讨论：

1．吉列公司如何改变“男性用品公司”的定位？

2．分析“雏菊刮毛刀”迅速占领市场的原因。

（二）价廉物美的“天美时”牌手表

美国曾有人运用利益细分法研究钟表市场，发现手表购买者分为三类：①大约23%侧重价格低廉。②46%侧重耐用性及一般质量。③31%侧重品牌声望。当时美国各著名钟表公司大多都把注意力集中于第三类细分市场，从而制造出豪华昂贵手表并通过珠宝店销售。唯有TIME公司独具慧眼，选定第一、第二类细分市场作为目标市场，全力推出一种价廉物美的“天美时”牌手表并通过一般钟表店或某些大型综合商店出售。该公司后来发展成为全世界第一流的钟表公司。

讨论：

1. 在三类手表购买者中，“天美时”牌手表可满足哪些群体哪些方面的需求？

2. 分析“天美时”牌手表在中国市场的销售潜力。

（三）德国福斯汽车公司的“金甲虫车”

德国福斯汽车公司在调查后，他们发现美国汽车使用者可分为三类，一是讲排场，二是重质量，三是考虑经济因素。在考虑经济因素的人中又有两类，其一，喜欢标新立异，别人开大车，我偏开小车；其二是借金如命，要价格低廉。这两种用户约占美购车人的10%，但仍是一笔不小的数字。

德国福斯汽车公司生产了一种金甲虫车（如图4－27所示），打算投放美国市场。当时，美国的一些大汽车公司根本不把这不知名的小车放在眼里，福斯公司强调金甲虫车的特点是省油，在投入市场之后，不起眼的“金甲虫”车很快跻身于美国这个汽车王国。到1964年，其销量已达40万辆，一跃成为美国小型轿车市场中难以匹敌的霸主。

图4－27　金甲虫车图片

讨论：

1．在三类美国汽车使用者中，金甲虫车可满足哪些群体哪些方面的需求？

2. 分析金甲虫车在中国市场的销售潜力。

（四）希尔顿细分目标市场

“一个尺码难以适合所有的人。”希尔顿在对顾客做细致分类的基础上，利用各种不同饭店所提供的不同档次服务以满足不同的顾客需求，希尔顿集团的饭店主要分以下七类：

机场饭店：自从1959年旧金山希尔顿机场饭店建立以来，公司已经在美国主要空港建立了40余家机场酒店，他们普遍坐落在离机场跑道只有几分钟车程的地方。

商务酒店：具有理想的地理位置，拥有高质量服务以及特设娱乐消遣项目的商务酒店是希尔顿旗下的主要产品。

会议酒店：希尔顿的会议酒店包括60家，30 680间客房，承办各种规格的会议、会晤及展览、论坛等。

全套间酒店：适合长住型客人，每一套间有两间房，并有大屏幕电视、收音机、微波炉、冰箱等。起居室有沙发床，卧室附带宽敞的卫生间，每天早上供应早餐，晚上供应饮料，还为商务客人免费提供商务中心。全套间饭店的一个套间有两房间，然而收费却相当于一间房间的价格。

度假区饭店：当一个人选择了希尔顿度假区饭店的同时，他也选择了方便快捷的预订，顶尖的住宿，出色的会议设施及风味独特的食品和饮料。人们在这里放松、休养、调整，同时也可以享受到这里的各种娱乐设施。

希尔顿假日俱乐部：为其会员提供多种便利及服务；商务及会议等服务

也同样令人满意。

希尔顿花园酒店：希尔顿花园酒店包括38家，5 270间客房，是近几年来希尔顿公司大力推行的项目。1998年就新开业了8家希尔顿花园酒店。他的目标市场是新近异军突起的中产阶级游客，市场定位是“四星的酒店，三星的价格”。希尔顿花园酒店价位适中，环境优美，深得全家旅游或长住商务客人的喜欢。

讨论：

1．分析希尔顿细分市场的依据是什么？

2．细分出目前中国的宾馆行业尚未覆盖的空白市场。

（五）雀巢咖啡如何打入日本市场

雀巢咖啡打入日本市场之前，该公司曾委托当地的市场调查机构从事一项调查分析工作。结果表明，战后出生的年轻人对咖啡的排斥性低于年纪大的人，男性接受的程度高于女性。针对这种情况，雀巢公司针对不同对象，制定了不同的行销策略，并通过广告传达产品的信息。

针对以茶为主的老年人，雀巢公司极力塑造日本风味的印象，以日本传统文化来表现咖啡的味道，证明其是具有深度，对日本有深刻认识的饮料。这一做法的目的，仅在于降低老年人对咖啡的排斥，并不是要取代喝茶。

针对年轻人，雀巢则刻意塑造欢乐的气氛，以新朝时髦感情和爱情为表现主题。让年轻人感受到雀巢咖啡的超越国界和时代感，视其为年轻一代生活中的一项不可缺少的消费品，从而接受它认同它。

针对成熟稳重、事业有成、有社会地位、经济条件优越的中年人，则用金牌咖啡来吸引，暗示成功的人应与金牌咖啡同在。

雀巢咖啡虽然针对三种不同的消费者，制定了不同的细分化行销策略，但在商品风格的塑造上，却表现了统一的特点，即“高品位的格调，现代人的饮料”。由于雀巢把握了广告的策略和技巧，尽管广告的表现方式有异，却能收到互为补充、相辅相成的效果。

讨论：

1．分析出雀巢在日本的细分市场。

2. 雀巢针对的每个细分市场行销策略相同吗？为什么？

九、案例学习二

市场定位的系列案例

（一）“伊利冰激凌”的避强定位

避强定位策略是指企业力图避免与实力最强的或较强的其他企业直接发生竞争，而将自己的产品定位于另一市场区域内，使自己的产品在某些特征或属性方面与最强或较强的对手有比较显著的区别。其优点是能使企业较快地在市场上站稳脚跟，并能在消费者或用户中树立形象，风险小。缺点是避强往往意味着企业必须放弃某个最佳的市场位置，很可能使企业处于最差的市场位置。

1997 年到 2004 年间，伊利有三大竞争对手：“和路雪”“雀巢”和“新大陆”。“和路雪”是世界上最大的冰激凌制造商；“雀巢”1996 年也将它们在中国的总部由香港迁至北京，并在天津和青岛同时投下巨资兴建现代化的冰激凌生产线；“新大陆”则是较弱的一个竞争者。

在伊利的经营者们看来，这些竞争对手已经从以前的国内同行转变为国外的著名冰激凌品牌，与它们相比，伊利在企业实力、产品知名度方面还有相当大的差距。五月初的北京，这几家公司的贴满冰激凌产品广告的格式冷藏车已奔忙于京城的大街小巷，招贴、宣传海报也遍布街头。大多数经销商说“和路雪”“雀巢”的定位与普通人的收入水平有相当大的距离，两元以上的产品人们问的多买的少，而 6 ~ 8 元的产品更是很少有人问津。相比之下，两年前还名不见经传的“伊利”冰激凌却以“优质低价”这一市场定位赢得了众多消费者的青睐。对于大多数工薪消费者来说，它们在选择冰激凌时，除了注重口感外，价格是更主要的决策影响因素。伊利正是在这一点上迎合了大多数人的需要，他们希望能在同样产品中占据价格上的优势，而在同样的价格中以高质量取胜。伊利之所以能迅速地在北京打开销路，正是得益于“低廉的价格、较高的品质”这一避强定位策略。而之所以能实施这一低价定位，也是由于公司利用了许多别的企业没有的优势：在能源方面，北京的煤大概每吨 150 ~ 160 元，而内蒙古地区只有 70 ~ 80 元；在电费、人员工资方面，内蒙古也比北京要便宜得多。另外，由于产地临近草原牧场，牛奶供应充足，每天厂家的收奶车直接到牧场收购鲜奶，经过消毒后便进入生产线。因此在口感方面，伊利产品有较强的奶香味，具备了较高的品质。

资料来源：

李欣，顾贝妮．全局，做最好的市场人．机械工业出版社，2006.

讨论："伊利"凭借什么样的市场定位赢得消费者的青睐？公司存在哪些别的企业没有的优势？

（二）“清扬”以迎头定位策略挑战宝洁霸主地位

迎头定位策略是指企业根据自身的实力，为占据较佳的市场位置，不惜与市场上占支配地位的、实力最强或较强的竞争对手发生正面竞争，从而使自己的产品进入与对手相同的市场位置。其优点是竞争过程中往往相当惹人注目，甚至产生所谓轰动效应，企业及其产品可以较快地为消费者或用户所了解，易于达到树立市场形象的目的。缺点则是具有较大的风险性。

对于市场中的挑战者或者追随者来说，它们必须要面对强敌的进攻，它们没有能力对付市场中的领导者，但是可以利用市场领导者的资源发展自己。

在洗发水领域里，2007 年清扬与海飞丝的对决，无疑是一出“最激烈、最生动、也最扣人心弦”的商战大戏。清扬上市的凌厉攻势以及海飞丝应对的从容，两大国际巨头的竞争，给我们提供了一个最具研究价值的市场营销案例。

从一跃成为全球日化巨头的那一刻起，宝洁就成了联合利华刻骨铭心的痛。多年来，在宝洁与联合利华的洗发水大战中，无论是品牌影响力还是市场占有率，宝洁都处于优势地位。特别在“蛋糕最大”的去屑洗发水市场，联合利华尚没有一个强势品牌足以同宝洁的海飞丝相抗衡。明显不对称的局面刺激着巨头久被压抑的雄心，厉兵秣马之后，2007 年，联合利华不得不调整战术，开始推出其“十年磨一剑”的专业去屑品牌——清扬。这个在中国市场首推的品牌此前已经在东南亚畅销了近 10 年，清扬从一亮相起就承载着联合利华在市场翻盘的厚望。不过，清扬挑起的终端“对攻战”，正是宝洁的强项。多年来宝洁在终端应战无数，心理和经验上早已不怵任何对手。

通常来说，竞争者想向领导者发动进攻，获胜的概率只有 20%。清扬显然知道海飞丝有多强大，因此在一系列的战役中都采取了“避实就虚”的策略，突出自己的差异化优势。海飞丝更是显示出了强大的抗击能力，他们在价格策略、产品策略上的灵活多变，虽不至于大获全胜，却也让清扬记忆深刻。

清扬通过战火硝烟、明刀明枪的战争，顺利在“去屑”市场分得一杯羹。回想过去一整年的惊天动魄，很多人无数次怀疑联合利华是要争取第一干掉海飞丝的。事实上，清扬的目的很简单，通过和市场第一品牌的攻防战，树立自己行业跟随者的专业形象。

众所周知，日化行业一直是跨国企业的天下，宝洁以品牌教父的姿态一直把持着中国日化的主流，联合利华、妮维雅、资生堂又咄咄逼人，不断蚕食市场。一时间，日化业成了洋品牌的天下，尤其在洗发护发类，据统计，宝洁公司在中国市场上占据了洗发护发用品市场50%以上的份额，其中“飘柔”以25.43%的份额高居榜首，“海飞丝”和“潘婷”分别以15.11%和18.55%的市场占有率紧随其后，联合利华(力士、夏士莲)、日本花王(诗芬等)等跨国企业品牌又占去了约25%，总共还剩不到10%的市场份额留给了国有品牌。国内洗发水企业被挤压得只剩下可怜的一小部分市场份额，面对如此严峻形势，如何突围？如何反击？如何重塑国有品牌地位？这个问题就摆在所有的国内日化企业面前。

在一个相对成熟的行业中，市场的挑战者通常都是通过进行市场细分来切入市场，希望创造一个新的类别来使自己成为第一。所以说，如果市场挑战者是通过细分市场来切入，不管领导者通过什么方法来防御，对于挑战者来说，都可以达成自己的目的。市场挑战者不担心领导者的进攻，担心的是领导者“无动于衷”，因为靠一个企业的力量来引导市场，往往要投入大量的资源和时间。资源和时间对一个企业来说都是有限的，很多企业都是在水烧到了99度的时候，没有了资源。市场挑战者还担心行业的害群之马，例如保健品行业，由于一些企业盲目夸大保健品的作用，把保健品当药卖，而产品的品质却很低劣，最终影响了整个行业。

在一个相对较新的品类，市场的跟随者往往更能受益。索芙特成功开发了功能性洗护产品，这个巨大的市场机会随着企业的萎缩而逐渐淡出公众的视线。后来居上的霸王成功抓住了机会，迅速建立起品类权威，成功开辟了新型市场的主力线。在这条线上，还没有几个品牌来竞争，选择作为跟随者，会是一个明智的选择。在企业的竞争中，很多时候“跟随”比“拼杀”更有效，就像中国武术中“借力打力”一样，企业可以通过“跟随”获得更多的市场资源来实现企业的经营目标。

资料来源：

差异化定位案例分析和差异化定位技巧. 世界经理人论坛，http://www.ceconlinebbs.com/.

讨论：什么是迎头定位策略？为什么很多时候“跟随”比“拼杀”更有效？

（三）李宁公司的重新定位策略

重新定位是以退为进的策略，目的是为了实施更有效的定位。重新定位通常的情况是：企业在选定了市场定位目标后发现自己定位不准确；企业最开始定位得当，但市场情况发生了变化，如竞争者定位与本企业接近，侵占了本企业的市场份额；或由于某种原因消费者或用户的偏好发生变化，转移到竞争者方面等，这时就应考虑重新定位。

北京李宁体育用品有限公司由体操王子李宁先生始创于1990年，十余年来，李宁公司由最初单一的运动服装发展到拥有运动服装、运动鞋、运动器材等多个产品系列的专业化体育用品公司。目前，“李宁”产品有三大类，5 000余种，产品结构日趋完善，销售额稳步增长。2000年，“李宁”的销售额达7.56亿元。现在，“李宁”在中国体育用品行业中已位居举足轻重的领先地位。

在产品开发方面，李宁公司投资数千万元建立了亚洲一流的产品设计开发中心，引进了国际先进的开发管理机制，并聘请了国内外一流的设计师以及专业的开发管理人才，加强市场调研和设计开发力量，以逐步提高产品的科技含量和整体品质，增强品牌的竞争力。

在营销网络的建设上，李宁公司可以说是业绩卓著。从1990年在北京开设第一家专卖店至今，公司在全国已拥有专卖店近700家，销售网点达3 000余个，城市覆盖率达95%以上。在同类产品中，市场占有率位居第一。李宁公司还开发了领先的店面识别系统，通过采用统一鲜明的店面装饰，达到了强烈的店面识别效果。

“源于体育、用于体育”是李宁公司一贯坚持的宗旨。从1990年亚运会斥巨资支持中国体育代表团以来，“李宁”一直关注和支持着世界体育，尤其是中国体育事业的发展。到目前为止，公司为支持世界体育事业的发展投入累计已过亿元。“李宁”正在品牌专业化、国际化的道路上快速而稳步地前进着。

李宁这位体坛传奇人物推出了以自己名字命名的品牌——“李宁”牌；凭借一句“把精彩留给自己”的广告语打动了无数中国人的心。就像李宁手捧金杯为祖国呐喊的动人情景一样，多少人一看见这句话就想到了李宁为祖国带来的骄傲，以情制胜。当初李宁运动服正是因此得以轻而易举地统率了中国体育服装市场。然而时过境迁，当年极具号召力的一句“把精彩留给自己”不再精彩，李宁牌需要更加明确的定位。综观市场，倘若留心观察，人们会发现风靡中国体育服装市场的外国品牌，家家都有自己的运动观。Nike 说：Just do it！运动就是无拘无束，想做就做；Adidas 认为运动是科学意义上的精确演算；锐步则宣布运动就是回归……林林总总，每家都有明确的主题。正因为有了鲜明的主题，国际品牌的任何对外形象推广都依此为准，明确的主题培育出了绝对的个性，品牌的魅力都在于此。但是很可惜，国产运动品牌对此似乎不大感冒。

“我运动、我存在”是李宁品牌重新调整后的定位，运动就是存在的方式。接下来在 1999 年，李宁服装展开了全方位的宣传攻势：统一的黑红色调专卖店、以翟颖为形象的 POP 平面广告、制作手法独特的电视广告。此番攻势当中，耗费最大的电视广告使用了国际 4A 公司的影视执行手法，国际 4A 公司的成功关键在于：严格执行广告策略之下的影视创意脚本。严谨的拍摄前操作手法，将一切制作形式、结果明确地规定下来，最大限度地降低了制作的风险。其中 PPM（Pre－Pro－duction Meeting，制作前会议）是最重要的一环，充分的沟通能让客户了解影视制作的进度、风格和细节，从始至终能够有效地避免客户及制作人员对创意理解的分歧，并且能让客户在拍摄前预知最终的效果。

高效率的制作手法给了李宁广告片超常规的表述能力，重新定位的李宁女装界定了一个最具活力的阶层：时代女性。她们的特征是：20 世纪七八十年代出生、未婚无固定收入但有一定消费能力、有明确的性别意识；在生活习惯上喜欢运动、看 MTV、关注流行趋势。这个阶层的心理特征表现为渴望通过张扬自己的个性来展示魅力、证明存在。

为了快速推广李宁牌的新理念，在 1999 春夏女装电视广告中，李宁公司不但在制作上启用了国际化的 4A 执行手法，在广告片中更是设计了递进式的结构，广告片由三个虚构的事件组成：

情节一：“吸引”。三个身着李宁装的少女从旷野跑来，两名少年深深地为之动情，与以往的广告片有所不同，吸引他们的不再是美色，而是洋溢的青春活力。

情节二：“竞技”。在一个虚幻的篮球场上，几名高大的黑人运动员，两名身着李宁装的少女脚踩轮滑轻松穿行其间，最终突出重围。

情节三：“超越”。十名男青年背手而立，一名身着李宁装的少女手持保龄球沉着一掷，球到之处十名男子人仰马翻。

三个情节宣扬了女性的朝气和自信，没有高高在上的明星光辉，平民化的人物把李宁牌消费对象的范围大大扩大了：不一定很美，不一定身材骄人，只要有自信、活力，所以“我运动，我存在”。

广告片在湖南、浙江、广东等地区的卫视和有线台，特别是中央电视台一套播出后，全新的视觉效果引起了广泛的关注，与李宁牌遍及全国销售店内的平面广告相呼应，全方位的广告推广营造的效果非常显著，但另一方面也有些部分值得商榷，如李宁牌的前沿直营店内的POP广告均以明星瞿颖为形象，而且表现到位，但在电视广告片中却以普通人物形象出现，人物的肢体语言与瞿颖式的感觉并无共通之处。

此番设计，形象代言人的不统一会给观众带来不易接收的断层现象，不过，倘若从长远的角度看，只要诉求点准确，导演能够压得住阵脚，今后新推出的广告片均以动人的情节设计为特色，形成风格，当然也能成为广告界中的“明星”。

“定位”是品牌塑造中的热门话题，最根本的原因是其直接关系到产品在时下白热化竞争中的生存问题。如果说几年前产品“定位”含糊其辞尚能维持，那么时至今日，明晰的产品定位无论对于大品牌、小品牌都将一视同仁，企业对自家的产品定位要十分清晰才能在市场夺得一席之地。

李宁公司从最早的“中国新一代的希望”到“把精彩留给自己”到“我运动，我存在”“运动之美世界共享”“出色，源自本色”，等等，其广告语那么有性格，经常被同行效仿。殊不知，每年都在改变广告语，反而使它失去了个性，到最后就变得面目全非，没有人认识了。企业的创新和改变本身并没有错，问题在于这种改变必须以品牌定位的不变及核心价值的清晰一致为基础。企业必须真正对品牌和市场做策略性的思考，并找到它与消费者连接的纽带。

资料来源：

刘雪花：李宁公司的重新定位战略. 服装营销专题网站，2011－03－25.

讨论：

1．李宁公司采取重新定位战略是否必要？为什么？

2．你认为市场重新定位对李宁公司的意义是什么？

3．谈谈企业如何做到准确的市场定位。

十、案例学习三

饮料产品STP策略①的系列案例

(一)百事可乐

市场细分：百事可乐摒弃了以往不分男女老少的“全面覆盖”策略，转向从年轻人入手，对可口可乐实行侧翼攻击，并且通过广告，百事力图树立其“年轻、活泼、时代”的形象，而暗示可口的“老迈、落伍、过时”。

目标市场选择：百事可乐公司主要依赖的是国际市场，产品主要针对年轻人。同时百事也在年轻人这一市场选择上加入了新的元素，比如说紧跟年轻人的潮流。

市场定位：百事精心调查发现，年轻人现在流行的是酷，而酷表达出来就是独特、新潮、有内涵、有风格的创意。百事抓住年轻人喜欢酷的心理特征，推出了一系列以最酷明星为形象代言人的广告。

讨论：百事可乐的“全面覆盖”策略存在哪些弊端？

① STP策略，即市场细分（Segmenting），目标市场（Targeting）和市场定位（Positionting）三大策略。

（二）汇源果汁

市场细分：汇源公司专注于各种果蔬汁饮料市场的开发，其产品线先后从鲜桃汁、鲜橙汁、猕猴桃汁、苹果汁扩展到野酸枣汁、野山楂汁、果肉型鲜桃汁、葡萄汁、木瓜汁、酸梅汤等。应该说这种对果汁饮料行业进行广度市场细分的做法是汇源公司得以在果汁饮料市场竞争初期取得领导地位的关键成功要素。

市场目标选择：汇源果汁的目标开始是家庭中小孩子喜欢的果汁，后来逐渐增加到青年人喜欢的饮料，把目标市场定位在当时对于营养健康的追求越来越高的中高端市场，特别是针对家庭市场。由于消费者的健康养身观念进一步加强，从2011年2月份开始，汇源开始进军茶市场。

市场定位："喝汇源果汁，走健康之路"的口号也已深入人心。汇源果汁把产品定位在健康饮品，同时采取了避强定位，在碳酸饮料横空一世的时候选择开发果汁饮料。

讨论：汇源果汁为什么选择避强定位？

（三）农夫果园

市场细分：农夫果园的广告诉求主题主要集中在“农夫果园，喝前摇一摇”“农夫果园由三种水果调制而成，喝前摇一摇”。这说明农夫果园目前主要集中在产品特征的介绍上，农夫果园采用的是100%蔬菜榨汁做成，营养价值高，也很健康安全。

目标市场选择：农夫果园主要以家庭消费为主，尤其是中老年人和儿童，因为家庭倡导的是健康和营养。所以在家庭消费这一块无疑有很大的潜在市场。

市场定位：从产品利益来看，农夫果园卖产品的浓度、营养、口味、信任；从精神利益来看，卖的是自由、个性、身份。

讨论：为什么农夫果园的广告诉求主题主要集中在产品特征的介绍上？

（四）蒙牛酸酸乳

市场细分：蒙牛酸酸乳受到消费者的狂热追求并非偶然，它的火爆代表了饮料行业的发展趋势，即由碳酸饮料、茶饮料、果汁饮料、运动饮料延伸至今天的乳饮料；而与其他类饮料相比，乳饮料不仅清凉解渴，而且营养丰富，是新一代的健康饮品。

目标市场选择：蒙牛酸酸乳目标消费人群主要为学生人群，无论是初高中生还是大学生，都很追捧，这源于它的形象代言人主要为张含韵、飞轮海等组合，符合学生追星的心态。

市场定位："超女"带动了蒙牛酸酸乳销售的成功，是因为找到了一个产品以外的卖点，通过活动诉求年轻人追求自由、梦想、成功的心理，引起广大受众的关注。

讨论：为什么蒙牛酸酸乳可以通过"超女"带动销售的成功？

（五）银鹭花生牛奶

市场细分：从整个饮料行业的发展趋势看，由于植物蛋白饮料天生具备的“天然、绿色、营养、健康”的品类特征，符合饮料市场发展潮流和趋势，植物蛋白饮料极有可能成为下一轮饮料消费热点，成为饮料市场主流产品而爆发增长，植物蛋白饮料市场存在巨大发展空间和良好的发展前景。

目标市场选择：植物蛋白饮料主要面对的是追求健康和营养的消费群体，而营养和健康观念已经成为大家比较关注的话题，尤其对家庭而言，植物蛋白饮料在选择上无疑是一个不错的选择。

市场定位：银鹭花生牛奶是花生和牛奶的结合产品，花生补血，牛奶营养。所以根据产品属性定位，可突出银鹭花生牛奶的健康元素。

讨论：分析银鹭花生牛奶的产品功能定位。

（六）康师傅茶系列

市场细分：

(1)不同年龄的消费者。目前，康师傅绿茶饮料主要以年轻人为主，口味也是低糖清淡型，但企业完全可以划分几个不同的年龄段，然后生产出适合每个年龄段口味的产品。

(2)不同收入的消费者。康师傅绿茶饮料在市场上的价格都为三元左右，产品类别单一。如果把人们的收入分为低中高，然后据此生产出低中高档产品，那么其市场无形中就扩大了。

(3)不同区域的消费者。人们的消费习惯往往受地域的影响，如北京人爱喝花茶，安徽人爱喝绿茶等。企业可以根据人们的这种习惯生产地域性产品。

目标市场选择：康师傅生产不同的茶系列产品，如红、绿茶，同时也有很多的茶品种，如乌龙茶，茉莉花茶等，以吸引更多不同的消费者，形成差异市场。同时，利用品牌优势和消费者忠诚度以使产品继续保持其良好的发展势头。

市场定位：康师傅茶系列锁定的市场定位是清新自然，贴近大自然，给人一种清凉、接近大自然的感觉。

讨论：康师傅茶系列如何满足不同细分市场的需求？

（七）雀巢咖啡

市场细分：雀巢咖啡的主要消费人群为上班族，年轻一族。

目标市场选择：加大主要目标市场的宣传促销力度，改变原来全球普遍撒网的目标市场，将欧美市场作为主要的目标市场；巩固以挪威、瑞典为中心的北欧重点目标市场，对英国、日本等有饮茶习惯的国家进行推销、宣传、时尚引导，以培养这些次要目标市场。

市场定位：雀巢咖啡作为速溶饮料的带头人，同样也得益于它的便利性，主要定位在家庭主妇或者是加班一族。

讨论：雀巢咖啡在国际市场成功的原因是什么？

十一、案例学习四

失败的营销战略案例系列

（一）第五季：资本高手的营销试验

健力宝利用媒体放出声来，要用 10 亿元为健力宝打造一个具有“神秘配方”的全新饮料品牌。巨额推广费 + 神秘配方，这个新产品着实吊足媒体胃口。2002 年初，健力宝以 3 100 万元获得中央电视台世界杯足球赛“赛事直播独家特约播出权”。这就意味着，健力宝在世界杯期间，平均每天要为这个新品牌支出近 100 万元巨额广告费用。世界杯开战，新品牌终于揭开面纱。新品牌断然和健力宝运动饮料脱离关系，与以前健力宝用运动名人推广不同，新产品则给自己打上了时尚的标签，以迎合年轻消费者的口味。在球赛直播开始前的黄金时段里，一群酷酷的跳着街舞的各种肤色的动感青年，很快就让第五季的广告语“现在流行第五季”广为人知。

第五季投入的巨额推广费用、制造的媒体话题和电视广告等，无不预示新产品将有一个美好开局。但遗憾的是，良好的开局并没有带来理想销售效果。与传统消费品先推单一产品，待单一产品拥有较好销量、建立起品牌后，逐步进行品牌延伸不同，健力宝在市场启动之初，就一股脑儿推出第五季的众多延伸产品，包括 6 大系列，30 多个品种，产品类别横跨茶饮料、碳酸饮料、果汁、纯净水等，可谓一问世就是子孙满堂。这种在导入期同时推广多产品、多型号的品牌策略，对于快速消费品来说，几乎没有成功的可能，第五季也不例外。只要简单分析一下就会知道，同时推广多规格、多产品，因为无法判断那种产品更容易销售，厂家、渠道均只能平均分散，从而导致推广重点不明，进而形成巨额的库存，降低现金流转速度。另外对于生产厂家来说，因为产品规格多、品类多，也存在难以组织生产、销售管理困难等问题。在上市之初就强行推出多种型号产品，无疑是犯了基础错误。由于健力宝多年来沿袭代销制，对于快速消费品非常重要的分销和终端管理，健力宝几乎无能为力。在没有强力渠道、不能保证对终端的覆盖和控制的情况下，就草率进行广告轰炸，则是第五季犯下的第二个常识错误。

第五季错误的代价是，这个耗费数千万元推广的新品牌，尽管广告语路人皆知，但在不少地方，连走上货架的机会都没有。“莫名其妙”是对第五季营销的最好评价。

讨论：资本高手为什么会遭遇营销失败?

（二）延年钙："好"产品为什么失败？

2002 年 4 月获得卫生部保健食品批号的延年钙，是汇仁集团推广的第一个第三代保健食品。此前，汇仁集团曾经成功操作的产品如汇仁肾宝、汇仁乌鸡白凤丸等全是传统中药保健品。

在延年钙身上，汇仁集团倾注了巨大的心血，该产品的市场开拓资金高达 2 000 万元左右。敢下如此血本，汇仁自然是有备而来。补钙市场经过数年的广告狂轰滥炸，虽然眼下市场已经萎缩，但由于已经完成了市场教育，仍有稳定需求。进入成熟稳定的补钙市场，汇仁集团可以节省市场教育工作的投入，风险比较小。汇仁要做的是：选定一个有潜力的细分市场，通过适宜的广告策略，取得该细分市场的领导地位。这样成功的例子确实存在，比如专门针对儿童市场的补钙产品佳加钙，2002 年就表现良好。

汇仁选定中老年人为自己的目标消费群体，其策略非常清楚——中国老年人因为缺钙，骨质疏松发生率很高，症状最为明显，往往表现出腰酸背痛、腿脚抽筋等症状。而该细分市场的前领导品牌彼阳牦牛壮骨粉因为质量问题被曝光后，近年来市场上针对老年人的补钙产品，已出现领导品牌空缺。种种情况看来，延年钙生逢其时，实在是个好项目。延年钙的产品理论是骨质疏松是因为性激素水平下降所致，延年钙富含的植物异黄酮能调节性激素水平，阻止骨骼钙流失，同时延年钙还能补充钙质，外补内调，从而从根本上解决中老年人的骨质疏松。其产品理论有科学依据支撑，决非空中楼阁。但被汇仁寄予厚望的新产品，却未能达到预期营销目标。汇仁启动全国市场几个月后，就停止了广告投放。在上海市场汇仁投入数百万广告费后，在春节旺季到来前，却停止了自己的礼品诉求攻势，证明其产品销售效果远低于预期。而在国内其他市场，也传出消息延年钙销售不够理想。

延年钙的失败证明，今天的保健品市场，操作难度已今非昔比，现在需要更专业、更锐利的营销模式和营销手段；延年钙的失利也证明，营销是一个非常复杂的系统工程，即使企业实力、行业经验、市场成熟度、产品等均无缺陷，营销环节上出现的些许失误，同样会造成营销失败。

讨论：

1．从市场营销角度来看，什么是“好”产品？延年钙是“好”产品吗？

2．为什么“好”产品会失败？

（三）王麻子剪刀：老字号申请破产

“北有王麻子，南有张小泉”。在中国刀剪行业中，王麻子剪刀厂声名远播。历史悠久的王麻子剪刀，早在(清)顺治八年(1651年)就在京城菜市口成立，是著名的中华老字号。数百年来，王麻子刀剪产品以刃口锋利、经久耐用而享誉民间。即使新中国成立后，“王麻子”刀剪仍很“火”，在生意最好的20世纪80年代末，王麻子一个月曾创造过卖7万把菜刀、40万把剪子的最高记录。但从1995年开始，王麻子好日子一去不返，陷入连年亏损地步，甚至落魄到借钱发工资的境地。审计资料显示，截至2002年5月31日，北京王麻子剪刀厂资产总额1 283万元，负债总额2 779万元，资产负债率高达216.6%，积重难返的王麻子，只有向法院申请破产。曾经是领导品牌的王麻子为什么会走到破产的境地呢？作为国有企业的王麻子沿袭计划经济体制下的管理模式，缺乏市场竞争思想和创新意识，是其破产的根本原因。长期以来，王麻子剪刀厂的主要产品一直延续传统的铁夹钢工艺，尽管它比不锈钢刀要耐磨好用，但因为工艺复杂，容易生锈，外观档次低，产品渐渐失去了竞争优势。而王麻子剪刀却没能做出措施，及时引进新设备、新工艺，数十年来王麻子剪刀的外形，设计也没有任何变化。故步自封、安于现状，王麻子剪刀终于被消费者抛弃。

只有不断变革、创新，才能保证企业永葆青春。适者生存、物竞天择，让故步自封、不思变革的企业被淘汰出局，正是人间正道，不管故步自封者拥有多少年的历史、拥有多么辉煌的过去！

讨论：作为中国老字号，王麻子剪刀为什么会被市场淘汰出局？

（四）海王生物：没有销量的品牌工程

2001 年海王牛初乳、海王金樽、海王银杏叶、海王银得菲等产品的广告在央视上狂轰滥炸的情景，直到今天还令人难以忘怀。伴随着广告的巨额投入，在保健品市场上名不见经传的海王生物迅速成为媒体、投资者关注焦点。但海王的广告并未获得消费者的信赖，海王代价高昂的品牌广告对于中国的消费者来说，并未引起他们的购买冲动。2001 年海王生物的年报显示，其投入的高达 2 亿元的广告费用，产生的销量却相当一般。其结果是，2001 年海王实际利润额只有预期利润额的 50%。之后就出现了中报利润下跌、净资产收益率大幅下降，甚至亏损等情况。海王掌门人在解释 2001 年海王的品牌广告攻势时认为：海王生物要营造有持久竞争力的企业，必须拥有强势品牌。保健品业内做品牌的企业并不缺乏，太太药业、交大昂立、养生堂等均有强势品牌，并有良好表现。但它们的品牌运作方法，显然和海王大相径庭。以海王牛初乳为例，2001 年推广中忽视功能诉求，促销力不强，又缺乏核心概念区分，造成不少牛初乳品牌跟进，有限市场还要被对手瓜分，该产品营销很不成功。海王旗下的另外几个产品，海王金樽、海王银杏叶等均存在类似问题，具有讽刺意味的是，其巨额广告没能给企业带来实在的销售额，反而成了替竞争对手完成市场前期教育的先驱者。相对于海王的高调空中轰炸，其地面配合、终端工作非常薄弱。在广告促销力薄弱的情况下，终端又不能进行配合，海王产品怎么可能畅销？海王也意识到了其产品营销中所存在的问题。进入 2002 年后，海王的营销策略发生了很大转变。以往一掷千金的电视广告轰炸，强度已大大减弱。对 2001 年同时推广的四大重点产品也做出了适当调整。以海王牛初乳为例，其推广策略已经从高空轰炸转入高空轰炸和报刊教育相结合，但毕竟是冷饭热炒，并没有多大起色。海王生物也一直在招聘销售人员，这显示出海王生物已经从单纯广告轰炸，转向促销和渠道同时推进。海王生物曾在 2002 年初估计，2001 年的巨额广告费将在 2002 年体现出威力，并有助于提高药品销量。

从公开的资料看，海王的第一桶金就依靠保健品获得，但海王的营销活动，处处显示出其对保健品市场的生疏。据说海王的巨额广告费是为了在药品市场获取收获。但成功的本土医药企业，依靠的并不是企业品牌。海王的营销实在令人难以理解。海王现在需要的是一个真正的销售明星，而不是虚幻的品牌工程。

讨论：

1．为什么说海王生物是没有销量的品牌工程?

2．分析海王生物营销失败的原因。

实验报告四

<table>
<tr><td>实验
名称</td><td colspan="3">竞争实验：
制定营销战略训练</td><td>课程
名称</td><td colspan="3">市场营销综合实训</td></tr>
<tr><td>院(系)</td><td></td><td colspan="2">班　级</td><td colspan="2"></td><td>学　号</td><td></td></tr>
<tr><td>姓　名</td><td></td><td>角色
职位</td><td></td><td>实验
地点</td><td></td><td>实验
日期</td><td></td></tr>
</table>

一、实验要求

1. 实验前认真回顾相关知识点，理论联系实际，学以致用；
2. 明确实验目的及相关要求，确保实验效果；
3. 遵守实验室的相关规定，爱护公物，注意实验室环境卫生；
4. 按时出勤，并按照老师的指引完成相关任务；
5. 做好实验记录，实验结束后完成实验报告。

二、实验内容

三、实验总结

指导教师点评：

成绩：＿＿＿＿＿＿　指导教师：＿＿＿＿＿＿＿＿　日期：＿＿＿＿＿＿

实验五　综合考试

一、考试简介

学生在前面实验中，分阶段分步骤进行实验，就是为了让学生掌握重要的营销知识，并学以致用。为检查学生的实验结果，系统提供了一个全新的实验产品：大米，让学生考试使用。大米与前面的电子产品在属性等方面有较大差别，实验难度和实验数据也有较大不同，为获得更好成绩，学生应把前面学习和掌握的办法应用到考试中。

以大米作为实验产品，学生在系统中进行综合考试。通过考试让学生在前几个实验中掌握的战略管理、营销实战得到充分发挥，实现利润最大化，最后以综合指数为标准进行排名，老师也可根据系统排名结合学生课堂表现调整成绩，学生也可自己查看成绩。

二、考试准备

1．老师的实验准备

以教师身份从后台登录，完成以下操作：

(1)选择实验产品为大米。

(2)控制实验总资本为人民币500万。

(3)导入系统提供的标书，在学生考试过程中有选择性地增加或减少标书的数量。

(4)对实验数据下的促销策略数据进行更改，将促销费用分别改为20 000元、30 000元、50 000元、88 000元。

(5)选择实验年度，点击开始实验。

2．学生的实验准备

(1)在浏览器栏输入 http://服务器的名称或 IP 地址：8080，回车进入登录界面。

(2)学生以学生学号或真实姓名注册，等待老师审批。

三、考试规则

1. 实验产品为大米，实验年度为三年。

2. 老师根据课时规定考试时间，控制实验时间长短。

例如：可规定1小时完成一个实验年度，那么完成三个实验年度就需要3个小时。

3. 实验结果：

(1)系统可查看每年度实验成绩，但以最后一个实验年度成绩为最终考试成绩。

(2)老师可根据系统评分结合学生课堂表现调整分数，确定最终综合评分。

(3)考试结束后让前三名和后三名的学生分别上台分享经验和分析不足。

各实验年度成绩见表5－1。

表5－1　各实验年度成绩表

<table>
<tr><td colspan="4">学生姓名：</td><td colspan="3">学号：</td></tr>
<tr><td colspan="7">公司名称：</td></tr>
<tr><td>实验年度</td><td>现金
持有量</td><td>销售额</td><td>利润率</td><td>系统评分</td><td>教师评分</td><td>综合评分</td></tr>
<tr><td>1</td><td></td><td></td><td></td><td></td><td></td><td></td></tr>
<tr><td>2</td><td></td><td></td><td></td><td></td><td></td><td></td></tr>
<tr><td>3</td><td></td><td></td><td></td><td></td><td></td><td></td></tr>
</table>

四、实验结束后老师工作

1. 考试成绩导出

以教师身份登录后台→实验报告→营销实战评分→选择需导出年度→导出，如图 5－1 所示。

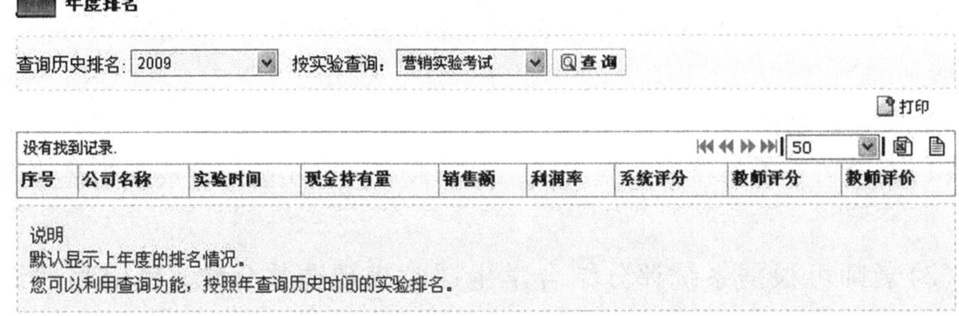

图 5－1　考试成绩导出流程图

2. 考试成绩打印

以同样方式进入系统后台，选择考试年份和实验，完成考试成绩打印。

参考文献

[1] 菲利普·科特勒. 营销管理[M]. 10 版. 北京:中国人民大学出版社,2001.

[2] 吴建安. 市场营销学[M]. 北京:高等教育出版社,2000.

[3] 伊恩·查斯顿. 营销 e 术[M]. 北京:社会科学文献出版社,2003.

[4] 杨锡怀,王江. 企业战略管理——理论与案例[M]. 北京:高等教育出版社,2011.

[5] 晁钢令. 市场营销学[M]. 上海:上海财经大学出版社,2003.

[6] 苏亚民. 现代营销学[M]. 3 版. 北京:中国对外经济贸易出版社,1997.

[7] 卢泰宏. 跨国公司行销中国[M]. 贵阳:贵州人民大学出版社,2002.

[8] 小威廉·佩罗. 市场营销学基础[M]. 北京:中国财政经济出版社,2004.

[9] 路易斯·布恩. 当代市场营销学[M]. 11 版. 北京:机械工业出版社,2005.

[10] 杨兴国. 品牌谋划[M]. 北京:经济管理出版社,2008.

[11] 孙晓强. 品牌资产提升策略——品牌代言人视角下的理论与案例[M]. 北京:经济科学出版社,2009.

[12] 柏唯良. 细节营销[M]. 北京:机械工业出版社,2009.

[13] 格里菲斯. 低成本快营销——针对中小企业的 101 个实效营销创意[M]. 北京:企业管理出版社,2008.

[14] 伯特·罗森布洛姆. 营销渠道管理的视野[M]. 北京:中国人民大学出版社,2006.

[15] 科特勒. 科特勒营销策略[M]. 北京:中信出版社,2007.

[16] 里斯·特劳特. 营销战[M]. 北京:中国财政经济出版社,2002.

[17] 齐斌,于斐. 决胜终端[M]. 北京:浙江大学出版社,2003.

[18] 张云起. 营销风险管理[M]. 北京:高等教育出版社,2011.

[19] 瞿彭志. 网络营销[M]. 北京:高等教育出版社,2009.

[20] 付亚和. 绩效管理[M]. 上海:复旦大学出版社,2008.

[21] 郭国庆. 服务营销学[M]. 北京:中国人民大学出版社,2012.

[22] 方其. 商务谈判:理论、技巧、案例[M]. 北京:中国人民大学出版社,2012.

[23] 周丽. 新编市场营销实务[M]. 哈尔滨:哈尔滨工程大学出版社,2012.

[24] 石金涛. 培训与开发[M]. 北京:中国人民大学出版社,2011.

[25] 周三多. 管理学原理与方法[M]. 上海:复旦大学,2009.

[26] 卜妙金.分销渠道管理[M].北京:高等教育出版社,2007.

[27] 严进.组织行为学[M].北京:北京大学出版社,2012.

[28] 甘琍琴,王晓晚.消费者行为学[M].北京:北京大学出版社,2009.

[29] 谢尔比·亨特.市场营销学理论基础[M].上海:上海财经大学出版社,2006.

[30] 唐德才.现代市场营销学教程[M].北京:清华大学出版社,2009.

[31] 王方华.市场营销学[M].上海:上海人民出版社,2007.

[32] 杨建华.广告学[M].广州:暨南大学出版社,2007.

[33] Tosepy M Sirgy.整合营销传播:一种系统的视角(英文版)[M].北京:清华大学出版社,2003.

[34] 包政.战略营销管理[M].北京:中国人民大学出版社,1997.

[35] 申光龙.整合营销传播战略管理[M].北京:中国物资出版社,2001.

[36] 董方雷.有效的分销管理[M].北京:北京大学出版社,2003.

[37] 屈云波,张少辉.市场细分:市场取舍的方法与案例[M].北京:企业管理出版社,2010.

[38] 艾略特·艾登伯格.4R 营销:颠覆 4P 的营销新论[M].文武,译.北京:企业管理出版社,2003.

[39] 邢以群.管理学[M].杭州:浙江大学出版社,2000.

[40] 王成.企业最优市场定位[M].北京:中国经济出版社,2002.

[42] 芮明杰.市场营销管理——定位·联盟·策略[M].上海:复旦大学出版,2001.

[43] 里斯·特劳特.新定位[M].北京:中国财政经济出版社,2002.

[44] 里斯·特劳特.营销战[M].北京:中国财政经济出版社,2002.

[45] 艾尔·强森.跨位[M].延边:延边人民出版社,2002.

[46] 里斯·特劳特.市场营销的 22 条法则[M].上海:上海人民出版社,2002.

[47] 维瑟拉 · 拉奥,乔尔 · 斯特克尔.战略营销分析[M].张武养,张永宏,译.北京:中国人民大学出版社,2003.

[48] 小卡尔·迈克丹尼尔,罗杰·盖兹.当代市场调研[M].范秀成,译,北京:机械工业出版社,2000.

[49] 阿尔文·伯恩斯,罗纳德·布什.营销调研[M].梅清豪,译.北京:中国人民出版社,2001.

[50] 何佳迅.品牌形象策划——透视品牌经营[M].上海:复旦大学出版社,2000.

[51] 王永龙.21 世纪品牌运营方略[M].北京:人民邮电出版社,2003.

[52] 阿瑟·汤姆森,斯迪克兰德.战略管理——概念与案例[M].段盛华,译.北京:北京大学出版社,2004.

[53] 麦克姆·麦克唐纳,爱德兰·佩恩.服务营销规划[M].张平淡,赵巍,译.北京:企业管

理出版社,2004.

[54] 杜纳·科耐普. 品牌智慧[M]. 北京:企业管理出版社,2001.

[55] 唐·舒尔兹. 整合行销传播[M]. 北京:中国物价出版社,2002.

[56] 申光龙. 整合营销传播战略管理[M]. 北京:中国物资出版社,2001.

[57] 胡大立. 企业竞争力论[M]. 北京:经济管理出版社,2001.